Apocalipsis

Serie «Conozca su Biblia»

Apocalipsis

por Osvaldo D. Vena

Augsburg Fortress

MINNEAPOLIS

A la memoria de Dean Myron Voth (1926-76), maestro y mentor

SERIE CONOZCA SU BIBLIA: APOCALIPSIS

Todos los derechos reservados © 2006 Augsburg Fortress. Con excepción de una breve cita en artículos o análisis críticos, ninguna parte de este libro puede ser reproducida en ninguna manera sin antes obtener permiso por escrito del publicador o de quienes son dueños de los derechos de reproducción.
Este volumen es parte de un proyecto conjunto entre la casa editora, la División de Ministerios Congregacionales de la Iglesia Evangélica Luterana (ELCA) y la Asociación para la Educación Teológica Hispana (AETH), Justo L. González, Editor General .
Excepto cuando se indica lo contrario, el texto Bíblico ha sido tomado de la versión Reina-Valera 1995. Copyright © Sociedades Bíblicas en América Latina, 1995. Usado con permiso.

Diseño de la cubierta: Diana Running; Diseño de libro y portada: Element, llc

ISBN 978-0-8066-8017-0

El papel usado en esta publicación satisface los requisitos mínimos de la organización American National Standard for Information Sciences—Permanencia del Papel para Materiales Impresos, ANSI Z329.48-1984.

Producido en los Estados Unidos de América.

SERIE CONOZCA SU BIBLIA: APOCALIPSIS

Copyright © 2006 Augsburg Fortress. All rights reserved. Except for brief quotations in critical articles or reviews, no part of this book may be reproduced in any manner without prior written permission from the publisher. Visit http://www.augsburgfortress.org/copyrights/contact.asp or write to Permissions, Augsburg Fortress, Box 1209, Minneapolis, MN 55440.

This volume developed in cooperation with the Division for Congregational Ministries of the Evangelical Lutheran Church in America, which provided a financial grant, and the Asociación para la Educación Teológica Hispana, Series Editor Justo L. Gonzalez.

Except when otherwise indicated, scripture quotations are taken from the Reina-Valera 1995 version. Copyright © Sociedades Bíblicas Unidas, 1995. Used by permission.

Cover design: Diana Running; Book design: Element, llc

The paper used in this publication meets the minimum requirements of American National Standard for Information Sciences—Permanence of Paper for Printed Library Materials, ANSI Z329.48-1984.

Manufactured in the U.S.A.

10   09   08   07   06   1   2   3   4   5   6   7   8   9   10

Esta serie

«¿Cómo podré entender, si alguien no me enseña?» (Hechos 8.31). Con estas palabras el etíope le expresa a Felipe una dificultad muy común entre los creyentes. Se nos dice que leamos la Biblia, que la estudiemos, que hagamos de su lectura un hábito diario. Pero se nos dice poco que pueda ayudarnos a leerla, a amarla, a comprenderla. El propósito de esta serie es responder a esa necesidad. No pretendemos decirles a nuestros lectores «lo que la Biblia dice», como si ya entonces no fuese necesario leer la Biblia misma para recibir su mensaje. Al contrario, lo que esperamos lograr es que la Biblia sea más leíble, más inteligible para el creyente típico, de modo que pueda leerla con mayor gusto, comprensión y fidelidad a su mensaje. Como el etíope, nuestro pueblo de habla hispana pide que se le enseñe, que se le explique, que se le invite a pensar y a creer. Y eso es precisamente lo que esta serie busca.

Por ello, nuestra primera advertencia, estimado lector o lectora, es que al leer esta serie tenga usted su Biblia a la mano, que la lea a la par de leer estos libros, para que su mensaje y su poder se le hagan manifiestos. No piense en modo alguno que estos libros substituyen o pretenden substituir al texto sagrado mismo. La meta no es que usted lea estos libros, sino que lea la Biblia con nueva y más profunda comprensión.

Por otra parte, la Biblia—como cualquier texto, situación o acontecimiento—se interpreta siempre dentro de un contexto. La Biblia responde a las preguntas que le hacemos; y esas preguntas dependen en buena medida de quiénes somos, cuáles son nuestras inquietudes, nuestras dificultades, nuestros sueños. Por ello, estos libros han sido escritos en nuestra lengua por personas que se han formado en nuestra cultura y la conocen. Gracias a Dios, durante los últimos veinte años ha surgido dentro de nuestra comunidad latina todo un cuerpo de eruditos, estudiosos de la Biblia que no tiene nada que envidiarle a ninguna otra cultura o tradición. Tales son las personas a quienes hemos invitado a escribir para esta serie. Son personas con amplia experiencia pastoral y docente, que escriben para que se les entienda, y no para ofuscar. Son personas que a través de los años han ido descubriendo las dificultades en que algunos creyentes y estudiantes tropiezan al estudiar la Biblia —particularmente los creyentes y estudiantes latinos. Son personas que se han dedicado a buscar modos de superar esas dificultades y de facilitar el aprendizaje. Son personas que escriben, no para mostrar cuánto saben, sino para iluminar el texto sagrado y ayudarnos a todos a seguirlo.

Por tanto, este servidor, así como todos los colegas que colaboran en esta serie, le invitamos a que, junto a nosotros y desde la perspectiva latina que tenemos en común, se acerque usted a estos libros en oración, sabiendo que la oración de fe siempre recibirá respuesta.

Justo L. González
Editor General
Julio del 2005

Contenido

Introducción

Mientras preparaba el presente trabajo me encontré con una creyente que cuando se enteró que estaba escribiendo un libro sobre el Apocalipsis me dijo: «Yo nunca llegué al Apocalipsis». Esta respuesta revela la actitud de muchos hacia este libro: está en la Biblia pero no lo leemos. Y las razones son muy variadas: falta de interés, temor, vergüenza, ignorancia. Hay quienes sencillamente no tienen interés por considerarlo completamente irrelevante para el mundo moderno. Otras personas sienten temor por el contenido de este libro, pues piensan que las calamidades que se describen allí están a punto de desatarse sobre el mundo. Otras sienten vergüenza de que el Apocalipsis esté incluido en la Biblia, pues su teología pareciera contradecir las enseñanzas de Jesús sobre un Dios de amor que nos exhorta a amar a nuestros enemigos. Realmente hay muy poco de esto en el Apocalipsis. Finalmente, muchos no lo leen porque no saben qué hacer con él, no saben cómo interpretarlo, de manera que prefieren ignorarlo.

Por otra parte, hay muchas personas que hallan un placer especial en leer el Apocalipsis, pues creen que están viviendo los tiempos del fin y que todo lo que está sucediendo hoy ya ha sido predicho hasta el último detalle en la Biblia, en particular en el Apocalipsis, al cual entienden como si fuera una guía para el futuro, una especie de mapa o plano para entender la historia. Estas personas no sienten el temor que sentían las otras, pues están convencidas de que, por ser parte del pueblo escogido de Dios, las profecías de destrucción del Apocalipsis no les afectan.

Creen que antes del fin se producirá el rapto de la iglesia y ellas se irán con Cristo antes de que se desate la furia del anticristo sobre la tierra y venga el fin. Muchos hermanos y hermanas de extracción evangélica conservadora adoptan esta postura, popularizada recientemente por la serie *Left Behind* (*Dejados Atrás*) de los escritores estadounidenses Tim LaHaye y Jerry Jenkins.

En otros casos, este libro se ha utilizado para justificar movimientos sectarios que han terminado apartándose de la sociedad para esperar el arribo de la segunda venida de Cristo en una cierta fecha que han predicho por medio de elaborados cálculos numéricos basados en el Apocalipsis y en el libro de Daniel. El fracaso de sus predicciones lleva a una recomposición del grupo que entonces encuentra la manera de explicar la falta de cumplimiento de la profecía con elementos sacados nuevamente del Apocalipsis, solo para experimentar sucesivos fracasos seguidos de sucesivas predicciones. En casos muy extremos, miembros de algunos de estos grupos apocalípticos han practicado el suicidio colectivo, como fue el caso de Jim Jones en Guayana en 1978, o han muerto en confrontaciones armadas con las fuerzas del orden, como sucedió con David Koresh y miembros de su grupo en Waco, Texas, en 1993.

Pero es necesario decir también que hay lecturas del Apocalipsis que han inspirado a muchos cristianos que viven en países en vías de desarrollo a luchar por cambios sociales. Como el Apocalipsis describe y condena el poder opresivo del Imperio Romano y afirma que Dios está del lado de los que sufren, esto sirve de gran estímulo a las personas que han experimentado la opresión del colonialismo y del neo-colonialismo, motivándolas a comprometerse en la construcción de un futuro de paz y justicia. Las comunidades de base de América Latina son un típico ejemplo de esta lectura liberadora.

Dada esta historia tan diversa de las interpretaciones del Apocalipsis es evidente que no existe un consenso en cuanto a la forma de interpretarlo. Nuestro propósito en este trabajo es proveer una serie de herramientas interpretativas que nos ayuden a producir lecturas liberadoras que contrarresten los problemas mencionados arriba.

Una teoría de lectura

Una lectura liberadora es aquella que es fiel al mensaje del Apocalipsis sin suprimir la voz de su autor ni ignorar los tiempos en que vivimos. Llamamos a esto una relectura, o sea, una interpretación desde nuestra praxis actual. Es leer el texto bíblico a través de los lentes provistos por nuestra situación presente. Esto no es nada nuevo. Juan hizo algo similar cuando tomó las tradiciones del Antiguo Testamento y las reinterpretó en función de la realidad que estaba viviendo su audiencia. Hacer esto es sumamente vital. No podemos simplemente tomar el simbolismo del Apocalipsis y aplicarlo directamente a nuestra realidad. Eso sería como pretender que un mismo número de zapatos le calce a todo el mundo. El mensaje del Apocalipsis debe ser apropiado nuevamente, reapropiado, releído. Esta es la tarea hermenéutica (interpretativa) a la que haremos alusión varias veces en este trabajo. Esta tarea debe tener en cuenta el hecho de que vivimos en un mundo fundamentalmente diferente al del Apocalipsis y por eso mismo no podemos pretender que Juan nos haya tenido en mente cuando escribió su profecía. Juan era un escritor del primer siglo que le escribió a una audiencia específica que estaba viviendo una situación concreta. No estaba pensando en las generaciones venideras. Realmente, Juan creía, al igual que Pablo, que la suya sería la última generación del mundo y que pronto se establecería el reinado universal de Dios y del Cordero. Por eso decimos que Juan no nos pudo haber tenido en cuenta al momento de recibir y de escribir la revelación.

Sin embargo, y porque estamos hablando de revelación, podríamos decir que Dios sí nos tenía en mente y que debe de haber algo en este libro que sea Palabra de Dios para nosotros hoy. Descubrir esta Palabra de Dios para la iglesia actual es un trabajo constante que nos lleva desde nuestro contexto específico al contexto del texto bíblico. Partimos de nuestra realidad y aterrizamos en el texto. Vivimos con él, y hasta podríamos decir en él, por un tiempo; es decir, lo estudiamos en comunidad. Oramos para que el Espíritu Santo nos dirija en nuestra tarea interpretativa. Tratamos de entender qué es lo que quiso decir el autor, cuáles eran las necesidades de su audiencia, cuáles las circunstancias sociales que vivían, etc. Pero no nos quedamos con eso solamente. También queremos saber qué es lo que Dios quiere decirnos a nosotros hoy. Por eso regresamos a nuestra realidad y la leemos nuevamente a la luz de lo que Dios nos ha mostrado a través de nuestro estudio comunitario del texto. Es aquí donde nuestra realidad es impactada, cuando la leemos de nuevo, luego de haber leído el texto. Esto es relectura. Este es el círculo hermenéutico. Y no podemos pretender entender la Biblia a menos que realicemos esta tarea que tiene tres componentes: el texto bíblico, la realidad contemporánea y la comunidad, que lee ambas con la ayuda del Espíritu Santo.

Ahora bien, alguien podría decir: ¿pero qué sucede cuando diferentes comunidades llegan a conclusiones diferentes? Y no solo diferentes, sino hasta interpretaciones que se excluyen mutuamente. Por ejemplo, ¿qué sucede con las personas que se entienden a sí mismas como las escogidas, las únicas que, según ellas, se salvarán? Seguramente estas personas también creen que el Espíritu Santo les inspiró. ¿Cómo discernir entre las diferentes interpretaciones del Apocalipsis? Esta es la cuestión. Y la respuesta no es fácil, pues una vez que un texto ha dejado las manos de su autor original puede ser interpretado de muchas maneras diferentes. Hasta cierto punto esto es inevitable. Por eso es necesario adentrarnos lo más posible en el propósito original de su autor para no hacerle decir al texto algo que nunca quiso decir. Pero la contextualización de un texto siempre implica una especie de modernización, de adaptación al tiempo que vivimos y al lugar social que ocupamos. Seguramente una comunidad campesina de Guatemala va a tener una visión del mundo muy diferente de la que tiene una comunidad de inmigrantes latinos en Nueva York. Cuando ambas comunidades se acercan al texto con sus preguntas y necesidades, el texto, por ser Palabra de Dios, va a decirles algo distinto a cada una. La interpretación de un texto puede variar en los particulares; pero tiene que coincidir en un aspecto fundamental, y este es que, por sobre todas las cosas, Dios quiere que el ser humano viva para adorarle y para amar a su prójimo. Cualquier cosa que atente contra esto necesita ser resistida. Por eso nuestra interpretación del texto debe tener en cuenta otras interpretaciones, para así poder corregirnos mutuamente. Una variedad de interpretaciones es posible, y aun deseable, pero estas deben estar siempre en diálogo. Lo contrario, el monólogo teológico, ha hecho y hace mucho mal a la iglesia.

El género apocalíptico

Lo primero que se debe observar en relación a este libro es que se trata de un género literario peculiar. El título del libro es a la misma vez el nombre del género literario, y esto crea cierta confusión. ¡El Apocalipsis es un apocalipsis! Este género literario se popularizó mucho durante el tiempo de los imperios helénico y romano, desde aproximadamente 200 años antes hasta 200 años después de Cristo. Los libros apocalípticos, de los cuales Daniel en el Antiguo Testamento es un ejemplo, trataban de responder a la situación del pueblo de Dios que se veía afectado por las políticas represivas y opresivas de dichos imperios. El propósito era alentar al pueblo e instarlo a la fidelidad a Dios. Esto se lograba por medio de una narración en donde un mensajero celestial revelaba a un profeta o vidente, a través de una visión, lo que iba a suceder en la historia humana. En esta visión, el vidente era llevado al mundo celestial donde contemplaba eventos que explicaban lo que estaba sucediendo en el mundo en donde vivían las comunidades a las cuales estaba dirigido el mensaje. El ángel también servía de intérprete de los elementos visionarios, que muchas veces eran totalmente incomprensibles para el vidente.

Los apocalípticos creían que el mundo estaba dominado por los poderes del pecado, del mal y de la muerte, pero que en un futuro no muy lejano, estos poderes, al igual que la gente impía, iban a ser destruidos o juzgados por Dios y el mundo arribaría finalmente a una situación de paz, bendición y alegría. El mensaje de la literatura apocalíptica es que, a pesar de lo que está sucediendo en el mundo, es Dios quien realmente está en control de la historia. Por eso era importante mantenerse fieles y no dejarse engañar ni seducir por los poderes que estaban en contra de Dios. De lo contrario, Dios vendría a ejercer juicio sobre su mismo pueblo.

El lenguaje de la literatura apocalíptica merece atención especial. Se recurre mucho a lo legendario, a los llamados mitos que se encuentran en todas las culturas antiguas incluyendo Israel. El mito tiene connotación negativa hoy en día porque se lo relaciona con algo inventado, que no es histórico, algo que llena las páginas de los libros de cuentos y las novelas fantásticas tales como *Harry Potter* y *El Señor de los Anillos*. Pero el mito era la manera en que los antiguos explicaban su realidad, lo que daba coherencia y significado a sus vidas. Era una manera de referirse a personajes y eventos históricos, y de hacer historia, en un tiempo cuando no existía ésta tal como la conocemos hoy. Así por ejemplo la bestia que aparece en el capítulo 13 no es histórica, pues nunca existió tal animal, y sin embargo tiene relevancia histórica porque se refiere al Imperio Romano.

Otra cosa que el lenguaje apocalíptico utiliza son números. Los números tienen un significado especial que es casi siempre simbólico y pocas veces literal. Por ejemplo, el siete significa algo completo, perfecto. Lo mismo el tres y el doce. El seis tiene que ver con algo que no llega a ser perfecto, y el ocho algo que es más que perfecto. Así también los múltiplos de siete son importantes, lo mismo que expresiones compuestas, como tres años y medio o cuarenta y dos meses, o mil doscientos sesenta días, que significan la mitad de siete años.

El Apocalipsis de Juan es entonces un ejemplo de literatura apocalíptica. Pero es un Apocalipsis cristiano, de manera que debemos esperar que los símbolos reflejen esta realidad. Efectivamente, desde el primer capítulo vemos que el Cristo resucitado cumple una función primordial en todo el libro. Es Jesús quien envía a su ángel para revelar a Juan el curso de los eventos en la vida de las iglesias a las cuales debe escribir. Si bien es cierto que el origen de la revelación está en Dios (1.1), la misma es mediada dos veces, primero a través de Jesús y luego a través del ángel. Las cartas a las siete iglesias son revelaciones directas de Jesús a Juan. Luego, cuando Juan es llevado en su viaje celestial, varios ángeles van a mediar la visión. Esta es la manera en que Juan toma el género apocalíptico y lo cristianiza. Esto se hace evidente con el uso del Cordero inmolado, un símbolo que se refiere a Jesús, como uno de los personajes centrales del libro.

El autor

Contrariamente a los apocalipsis judíos, como 2 Esdras, Henoc, o el Apocalipsis de Abraham, que atribuyen su autoría a algún personaje de la antigüedad, el Apocalipsis identifica a su autor claramente. Es un contemporáneo de la audiencia a la cual está dirigido el libro. Su nombre es Juan, un «siervo» de Jesucristo (1.1), un «hermano y compañero en la tribulación» (1.9), es decir, un creyente más, otro discípulo entre muchos. Su mensaje tiene el valor de ser auténtico, pues no escribe desde la tranquilidad de una vida sin problemas, sino desde la isla de Patmos en donde se encuentra posiblemente exiliado por su testimonio cristiano (1.9). La tradición cristiana ha identificado a este Juan como el hijo de Zebedeo, el discípulo de Jesús, quien también se piensa que escribió el cuarto evangelio. Si esto es así, Juan tendría que haber sido un hombre muy anciano cuando escribió el Apocalipsis, según se cree durante el reinado del emperador Domiciano (81-96 d. C.). Quien sugiere esta fecha es Ireneo, uno de los Padres de la Iglesia. Ireneo vivió en Esmirna, una de las siete iglesias de los capítulos 2 y 3, unos cien años después que fuera escrito el Apocalipsis. Su opinión es generalmente aceptada, ya que el reino de Domiciano explica bien las circunstancias que parecen haber vivido estas iglesias. Fue Domiciano quien exigió ser divinizado en vida e impuso el culto al emperador en el Asia Menor. Algunos escritores de aquel tiempo lo describen como un emperador casi demente, pero esta opinión podría ser solamente la de sus detractores. Domiciano pudo haber sido tan benigno o tan intransigente como otros emperadores, pero aun así sus demandas resultaban problemáticas para los cristianos. Por supuesto, hay quienes opinan que el reinado de Nerón (54-68 d. C.) provee una mejor fecha para este libro, ya que de acuerdo a 11.1-3 pareciera que el templo en Jerusalén está todavía en pie y que el número de la bestia en 13.18 podría referirse específicamente a Nerón (véase el comentario). Aunque nos inclinamos por una fecha durante el reinado de Domiciano, pensamos que esto no cambia el mensaje del libro.

Posiblemente el autor no sea Juan el evangelista. La manera que escribe detecta a alguien cuyo primer idioma no es el griego, sino más bien el arameo, que era el idioma que los judíos hablaban durante el primer siglo. Cuando cita textos del Antiguo Testamento no utiliza la versión griega, llamada Septuaginta, como era la costumbre de los escritores del Nuevo Testamento, como Pablo por ejemplo. Usa su propia traducción directamente del hebreo o de alguna versión aramea (Tárgum). Por eso pensamos que se trata de un judío convertido al cristianismo. Para confirmar esto diremos que Israel y sus instituciones —el templo, el tabernáculo, el sacerdocio, las tribus, las tradiciones del éxodo, el Mesías, etc.— tienen un lugar importante en el libro. Para

Juan la iglesia está compuesta tanto de judíos como de gentiles, pero los símbolos que utiliza para describirla son netamente judíos.

La audiencia

La audiencia del libro está constituida por siete iglesias en el Asia Menor, pequeñas congregaciones que se reunían probablemente en casas de familia (véase caps. 2-3). Estas congregaciones estaban completamente inmersas en la vida de la sociedad grecorromana. Por eso el mayor desafío era entender cómo las demandas de esa cultura interferían con su devoción a Jesucristo. Para ser miembro activo de esa sociedad, la persona tenía que estar dispuesta a participar de actividades de todo tipo, en donde se invocaba la presencia de los dioses o directamente se ofrecían sacrificios al emperador. No hacerlo acarreaba la sospecha de la gente. Se les tomaría por inadaptados sociales o, aun peor, subversivos, enemigos del estado. Algunas de las iglesias comenzaron a adaptarse a la cultura para no perder su ascendencia social ni parecer enemigas del imperio. Por eso Juan tuvo que escribirles diciéndoles que lo que ellas catalogaban de sentido común y espíritu de cooperación civil era para Dios un acto de infidelidad. Estas iglesias debían arrepentirse y volverse a Dios, y estar dispuestas a asumir el costo del discipulado cristiano cualquiera que este fuera.

Posibles interpretaciones

Por último, ¿cómo se debe interpretar el Apocalipsis? En esto ha habido tres tendencias. La primera dice que el mensaje del Apocalipsis es absolutamente contextual, lo cual significa que está dirigido solamente a la audiencia que Juan tenía en mente. Juan escribe pensando en la situación de sus congregaciones, advirtiendo sobre peligros presentes o situaciones futuras que él consideraba problemáticas para la iglesia. Sus afirmaciones no tienen nada que ver con nuestra situación contemporánea. El problema con esta opinión es que también las cartas de Pablo fueron escritas para un contexto específico y sin embargo las consideramos Palabra de Dios totalmente pertinente para nuestra vida cristiana. El Apocalipsis, por ser parte de la Biblia, tendría que ser evaluado igual, como Palabra de Dios para su pueblo hoy. No podemos relegar las enseñanzas de este libro limitándolas a algunas comunidades del primer siglo.

La segunda tendencia asegura que el mensaje del Apocalipsis trasciende su contexto y se transforma en una especie de guión para la historia humana. Esta interpretación es a veces literal y siempre futurista pues pretende encontrar en situaciones contemporáneas el cumplimiento exacto de lo que está profetizado allí. Para estos individuos la historia es simplemente profecía que se va cumpliendo y, más de una vez, han pensado que están viviendo el tiempo del fin predicho en el Apocalipsis. Así, han creído estar presenciando la actividad del anticristo en personajes como Hitler, o el Papa, o Sadam Husein. Han pensado que el surgimiento y desarrollo de la Comunidad Europea apunta a la coalición de diez reyes que, en el capítulo 17, entregan su poder a la bestia para luchar en contra del Cordero y sus seguidores. Han afirmado que Gog, en el capítulo 20, se refiere a Rusia y que la batalla final de Armagedón va a suceder en Israel, en el valle de Meguido, como preludio a la segunda venida de Cristo. Esta forma de leer el Apocalipsis sugiere que el verdadero significado de este libro se encuentra en eventos del futuro. Si es así, ¿cuál habría sido el mensaje para la audiencia original? ¿Qué tipo de consuelo habrán recibido los creyentes de Asia Menor si el mensaje no era para ellos? Si la bestia no era Domiciano u otro de los emperadores romanos y la gran ramera no era Roma, ¿de qué les sirvió pensar que sí lo eran? Esta interpretación es anacrónica, pues le impone nuestra visión del mundo a la audiencia receptora del mensaje. Y es además etnocéntrica, pues afirma que las audiencias contemporáneas están mejor capacitadas para interpretar este documento que la audiencia original. A pesar de que las predicciones sobre la segunda venida y la aparición del anticristo obviamente estuvieron siempre equivocadas, es sorprendente notar cómo esta forma de interpretar el Apocalipsis sigue produciendo una cantidad asombrosa de literatura que la gente todavía lee con avidez.

Hay una tercera tendencia interpretativa del Apocalipsis, y es la que proponemos en este trabajo. Ella dice que el mensaje del libro es contextual. Es para las iglesias del Asia Menor en el primer siglo de nuestra era. No obstante, los temas desarrollados tienen vigencia permanente. De ahí entonces que el mensaje del Apocalipsis sea también para la iglesia de hoy. Pero para que esto suceda, es necesario respetar el género literario del libro y el contexto social de la audiencia original para poder así realizar una lectura que no le imponga al texto nuestra cosmovisión y nuestras expectativas. A pesar de las muchas diferencias que existen entre la iglesia del primer siglo y la iglesia del siglo veintiuno, todavía estamos hablando de la iglesia. Por eso compartimos con la audiencia original la misma fe en Dios y en el Señor Jesucristo. También creemos que Dios está en control de la historia y que un día el pecado y el mal serán expulsados de nuestro mundo. Creemos también que cuando esto suceda, la creación misma experimentará una transformación que le devolverá su gloria original. No estamos viviendo las mismas circunstancias que las iglesias del Asia Menor, pero sabemos del poder idólatra de los imperios modernos. La literatura apocalíptica es literatura de resistencia, y el Apocalipsis de Juan es un ejemplo de cómo resistieron el mal y la seducción del poder unas comunidades oprimidas del primer siglo. El leerlo nos sirve de desafío y de inspiración para nuestras propias vidas. Por eso ansiamos y oramos por aquel día en el que cada persona pueda vivir en paz y en armonía con su prójimo en una realidad llena de la presencia de Dios. Y con Juan y sus comunidades exclamamos: ¡Ven, Señor Jesús!

Bosquejo del Apocalipsis

1. Prólogo y visión del Hijo del hombre (1.1-20)
2. Mensaje a las siete iglesias (2.1-3.22)
3. La adoración celestial (4.1-5.14)
4. Los seis primeros sellos (6.1-17)
5. Primer interludio: los 144.000 sellados y los mártires de la tribulación (7.1-17)
6. El séptimo sello y las seis primeras trompetas (8.1-9.21)
7. Segundo interludio: el ángel con el librito y los dos testigos (10.1-11.14)
8. La séptima trompeta (11.15-19)
9. Siete figuras míticas (12.1-14.5)
10. Tercer interludio: seis ángeles mensajeros (14.6-20)
11. Las siete copas de la ira de Dios (15.1-16.21)

ASIA MENOR

•Pérgamo

•Tiatira

•Sardis

•Esmirna

•Filadelfia

•Éfeso

•Laodicea

Patmos

Mar Egeo

Mar Mediterráneo

Prólogo y visión del Hijo del hombre (1.1-20)

Capítulo 1

Prólogo (1.1-8)

El libro comienza con un prólogo que consta de un título y de una bienaventuranza. El título abarca los vv.1-2 y más que un título parece un resumen del propósito del libro. Este propósito es dar a conocer la revelación de Jesucristo, la cual le fue dada a Juan por Dios, y que fuera transmitida por medio de un ángel. Este ángel, enviado por Jesucristo, le anuncia a Juan las cosas que van a suceder en el futuro inmediato. Vemos así que el origen de la revelación —la palabra griega *apocalipsis*, que significa «revelación», es la que provee el título a este libro— está en Dios, quien se la da a Jesucristo, y este a su vez envía a su ángel para comunicársela a Juan. Luego Juan la transmitirá a sus consiervos a través de la escritura.

Este escribir es dar testimonio de la palabra de Dios, del testimonio de Jesucristo y de todo lo que vio. Juan es un vidente, un profeta, que escribe una profecía (1.3; 22.6-10, 18-19). Pero ¿en qué sentido es este libro una profecía? ¿Será porque predice lo que va a suceder pronto? Si es así, la profecía no se cumplió, porque lo que Juan afirma que va a ocurrir, nunca sucedió. La nueva Jerusalén no descendió del cielo y el Señor Jesucristo no regresó a reinar sobre la tierra. De manera que, ¿en qué sentido es este libro profético? Pues en el sentido de que el mensaje de este libro viene de Dios, es una revelación de Jesucristo mediada a través de un ángel a Juan. Al igual que los profetas del Antiguo Testamento que comunicaban un mensaje de parte de Yahvé para la situación presente del pueblo, así también Juan está comunicando un mensaje que es también profético (1.3), porque se dirige a las necesidades actuales de las iglesias. No es algo que Juan inventa, sino algo que Juan recibe. Este libro es profético porque transmite a las iglesias la voluntad y plan de Dios para los seres humanos, la visión de Dios de una nueva creación donde el mal no reinará nunca más. Por eso es profético. Trae el mensaje de Dios para una necesidad actual y anuncia el fin del reinado del mal y la victoria de Dios. Esta idea está condensada en 1.19: «Escribe, pues, las cosas que has visto, las que son y las que han de ser después de éstas». Pero en ningún momento le pone Juan fecha a su profecía. Es interesante notar que todo el libro del Apocalipsis está encerrado entre dos afirmaciones similares, una en 1:3 y otra en 22:10. En ambos casos hay una referencia al tiempo del fin expresada en la misma forma: «el tiempo está cerca». Pareciera ser, entonces, que la profecía contenida entre estas dos afirmaciones, entre los capítulos 1 y 22, es un mensaje para el tiempo presente que necesita ser escuchado y obedecido, dado que, desde la perspectiva de Juan, el fin de todas las cosas estaba cerca.

Los intermediarios divinos y humanos se mezclan en una asociación cuyo propósito último es hacer conocer a las iglesias los eventos que están a punto de ocurrir en su mundo. Este mundo está dominado por el poder absoluto del Imperio Romano y es precisamente este imperio el que es objeto del juicio de Dios. Sin embargo, como veremos más adelante, no se menciona a Roma. El mensaje de Juan está codificado y es necesario interpretarlo. Las congregaciones saben a lo que Juan se está refiriendo. Sin embargo a las audiencias contemporáneas se nos hace más difícil entender el mensaje del libro. De ahí que el Apocalipsis haya sido y sea aún objeto de tantas interpretaciones, muchas de ellas divergentes (véase la introducción).

La bienaventuranza del v. 3 es la primera de siete en el Apocalipsis. Las otras se encuentran en 14.13; 16.15; 19.9; 20.6; 22.7 y 22.14. Esta bienaventuranza está dirigida a la persona que lee y a las que escuchan. Como era la costumbre en las primeras comunidades cristianas, una persona leía en voz alta el libro, que estaba escrito sobre un rollo de piel de animal, y las demás escuchaban la lectura. Esto se debía a que la mayoría de las personas eran analfabetas y también a que no existía la producción masiva de manuscritos, ya que esto era muy costoso.

Además, la lectura se realizaba durante el culto, cuando la congregación se reunía para adorar a Dios, escuchar su palabra y participar de la santa cena. Pero nótese que la bienaventuranza es no sólo para las personas que escuchan el mensaje profético, sino sobre todo para las que obedecen lo que está escrito allí. El oír no se puede separar del obedecer. No es suficiente oír el mensaje. Hay que también ponerlo en práctica (Stg 1.22-25).

El saludo tradicional de gracia y paz, también utilizado por Pablo (Ro 1.7; 1 Co 1.3; Gl 1.3), pareciera sugerir que este libro es una carta, una epístola. Lo cierto es que la forma del Apocalipsis es una combinación de carta y de escrito apocalíptico, o sea, dos géneros literarios diferentes. El saludo está dirigido a las siete iglesias que están en Asia. Como dijéramos en la introducción, el número siete es muy importante porque denota perfección, totalidad, algo completo. Las siete iglesias, entonces, representan a toda la iglesia en todos los tiempos, y el mensaje del libro no es sólo para las iglesias mencionadas en él, sino que es para la iglesia de cualquier tiempo y lugar. El asunto es cómo interpretar este mensaje, algo que ya hemos sugerido en la introducción, y sobre lo cual volveremos más adelante.

El saludo de «gracia y paz» viene de Dios, de los siete espíritus que están delante de su trono, lo cual es una referencia al Espíritu Santo utilizando la figura de totalidad que confiere el número siete, y de Jesucristo. Es esta una descripción trinitaria. Dios es presentado en forma similar a la de Gn 3.14-15, donde Yahvé se describe a sí mismo diciendo «Yo soy el que soy». Esto puede significar, entre otras cosas, que Dios es el que siempre está presente con su pueblo. Nos habla de una presencia activa de Dios en la historia, una realidad que la audiencia de Juan ciertamente necesitaba escuchar.

Jesucristo es descrito como «el testigo fiel y verdadero». De la palabra «testigo» en griego surge la expresión «mártir», que se utilizaba para quienes habían perecido a causa de su fe. Hoy todavía la utilizamos para hablar de quien entrega su vida por una causa. En el Apocalipsis ser testigo implica estar dispuesto a morir por la fe. Jesús, entonces, se pone como ejemplo de uno que dio su vida por ser fiel al mensaje del evangelio. Pero también es descrito como el primogénito de entre los muertos, una expresión que ya había sido utilizada en Col 1.18 y en Hch 26.23. Significa que Jesús había sido el precursor en la resurrección de los muertos, el que puso en marcha la resurrección final de todos los seres humanos al ser él el primero en ser resucitado. Para los cristianos primitivos esto significaba que el tiempo del fin se había inaugurado con la resurrección de Jesús. La tercera manera de describir a Jesucristo es como «el soberano de los reyes de la tierra», una afirmación con obvias connotaciones políticas cuando se tiene en cuenta que el poder supremo de aquel entonces era el Imperio Romano representado en la figura del César. Aquí Jesús, que fuera martirizado por el imperio por su fidelidad a Dios, recibe como premio la vida a través de la resurrección y adquiere la posición de mayor honor que se pudiera imaginar: rey de reyes. El crucificado es ahora el soberano de los reyes de la Tierra. ¡Cómo se han cambiado los papeles! Esto se clarifica más abajo con la cita de Zacarías 12.10, que dice: «Mirarán hacia mí, a quien traspasaron, y llorarán como se llora por el hijo unigénito, y se afligirán por él como quien se aflige por el primogénito». Pero mientras que el profeta asegura que el lamento será *por* el traspasado, Juan utiliza este pasaje para decir que todos los habitantes de la Tierra se lamentarán *a causa* de él, es decir, lamentarán el haber crucificado al que ahora viene en gloria a juzgarlos (1.7).

En el v. 5b la descripción de Jesús adquiere características litúrgicas. El lenguaje es hímnico y se podría imaginar detrás de esta sección a la comunidad reunida en adoración y expresando su fe en Jesús con estas palabras. Se hace énfasis en el amor de Jesús, su muerte propiciatoria, es decir, por los pecados del ser humano y también el hecho de que los creyentes han sido constituidos como un reino de sacerdotes al servicio de Dios. Preferimos aquí la traducción de la NVI que propone «ha hecho de nosotros un reino», en lugar del «y nos hizo reyes» de la RVR. La idea viene de Éxodo 19.6. De esta manera los creyentes reclaman para sí la promesa que Yahvé le hiciera al pueblo de Israel en el pasado. Ahora se ha cumplido, dicen, a través de la muerte de Jesús. Y la doxología que sigue en 6b expresa la gratitud del pueblo creyente ante tal conocimiento.

La liturgia continúa con una afirmación de la venida de Jesús en las nubes del cielo, una idea que Juan toma de Daniel 7.13-14 y que se refiere al Hijo del hombre viniendo en las nubes para recibir poder, gloria y reino de manos del Anciano de días, o sea Dios. En el libro de Daniel este Hijo del hombre representa al pueblo que sufre bajo el dominio de un poder despótico, de manera que cuando este personaje recibe el reino es realmente el pueblo fiel quien lo recibe a través de él. Con esto en mente, volvamos al Apocalipsis. Jesús, que será descrito en 1.12-18 como el Hijo del hombre, por su muerte en la cruz ha recibido gloria y poder que ha hecho accesibles a su pueblo, al cual ha constituido en un reino de sacerdotes. Ser un reino implica poder. Jesús ha distribuido el poder que Dios le diera entre su pueblo, el cual, aunque sufre en el presente, vislumbra por la fe la victoria final. Este es, en forma resumida, el mensaje del libro de Apocalipsis. Este mensaje queda asegurado por la afirmación del v. 8 en donde Juan, como profeta, habla de parte de Dios: «Yo soy el Alfa y el Omega, principio y fin, dice el Señor, el que es y que era y que ha de venir, el Todopoderoso». Esta es una descripción de Dios. Alfa y omega son la primera y la última letras del alfabeto griego, y la frase es otra manera de decir principio y fin. Este Dios está en absoluto control de la historia, del presente, así como también del pasado y del futuro. Dios es Todopoderoso. Para una comunidad que estaba experimentando el poder sacrílego y homicida del Imperio Romano, esta afirmación del poder absoluto e ilimitado de Dios es una fuente de consuelo y de esperanza.

De manera que esta introducción al libro por parte de Juan tiene como propósito preparar el terreno para lo que va a venir después. A una comunidad perseguida y oprimida se le escribe un documento que se presenta como revelación de Jesucristo dada por Dios. Las personas que leen y escuchan, pero sobre todo las que prestan atención a estas palabras proféticas, son declaradas dichosas, bienaventuradas, pues entienden que el poder temporal de sus opresores se verá muy pronto reemplazado por el poder ilimitado y absoluto de Dios, quien hará justicia a su pueblo en el momento en que Jesucristo regrese en las nubes del cielo para instaurar el reino.

Visión del Hijo del hombre (1.9-20)

A continuación, Juan pasa a describir su situación. Se presenta de manera no jerárquica. No es ni apóstol, ni obispo, ni pastor. Es hermano, o sea, uno más entre los creyentes. Es compañero en la tribulación. Sufre a la par de los demás creyentes. Pero también comparte con la comunidad el reino y la perseverancia de Jesucristo. Como viéramos más arriba, la convicción de las comunidades a las cuales Juan escribe es que a través de la muerte de Jesús habían recibido el poder que los constituía en un reino de sacerdotes. Aquí Juan está diciendo que él también comparte con ellos esa realidad. Él es compañero en el reino. Pero este no es un reino político, ni económico, ni mucho menos militar, como lo es el Imperio Romano. Es un reino constituido por personas que experimentan en su medio la presencia del Cristo resucitado y por eso perseveran, resisten el mal con paciencia sabiendo que los días del imperio están contados.

Juan se encuentra en la isla de Patmos posiblemente como consecuencia de su testimonio cristiano, como pareciera sugerirlo la expresión «por causa de la palabra de Dios y del testimonio de Jesucristo». Pero no está escondiéndose, ni teme por su vida. Está en el Espíritu, conectado espiritualmente con Dios y con las congregaciones a las que debido a su exilio no puede ver cara a cara. Y además es el primer día de la semana, el domingo, que la iglesia primitiva vino a celebrar como el día en el que el Señor resucitara de entre los muertos, el día en que se puso en marcha la nueva creación. En ese día los cristianos primitivos se reunían a adorar a Dios y a compartir el pan, o sea, a celebrar la Cena, la Eucaristía. No es coincidencia entonces que Juan tenga una visión del Cristo resucitado precisamente ese día.

Nos dice el texto que Juan oye una gran voz, como si fuera el sonido de una trompeta. La trompeta se utilizaba en el Antiguo Testamento para anunciar el comienzo de los festivales religiosos. También, según Éxodo 19.16-19, la aparición de Dios en el monte Sinaí estuvo marcada por el sonido de la trompeta. Todo esto sugiere que aquí Juan está a punto de presenciar una epifanía, es decir, una manifestación de la divinidad.

La voz se identifica a sí misma como el Alfa y el Omega, el primero y el último. En 1.8 esta es la manera en que Dios, el Todopoderoso, se describe. Pero aquí es Jesucristo el que habla, como bien lo dejan ver los vs.17-18 que dicen «...el que vive. Estuve muerto, pero vivo por los siglos de los siglos». La visión entonces es del Cristo resucitado. La voz le ordena a Juan escribir en un libro lo que está a punto de ver y enviárselo a las siete iglesias de Asia: Éfeso, Esmirna, Pérgamo, Tiatira, Sardis, Filadelfia y Laodicea. De manera que el libro del Apocalipsis es la recapitulación escrita de una visión que Juan tiene mientras se encuentra espiritualmente conectado con Dios a través de Jesucristo y con las congregaciones a las que pertenece.

Esta visión de alguien semejante al Hijo del hombre es muy parecida a la visión de Daniel 10.5-6, solo que allí el que aparece es un ángel poderoso y aquí es el Cristo resucitado. Una simple comparación de ambos pasajes muestra que muchos de los elementos visionarios son similares. Sin embargo hay elementos nuevos. Por ejemplo, el que habla está parado en medio de siete candelabros de oro, que representan las siete iglesias de Asia; tiene en su mano derecha siete estrellas, que pueden referirse a los siete líderes de las iglesias; y de su boca sale una espada de dos filos, que como sabemos representa la palabra profética que tiene su origen en Dios (Is 49.2; Heb 4.12). El número siete nos habla de perfección, de algo completo. Por eso la idea aquí es que el Cristo resucitado está presente en medio de las iglesias, que representan la iglesia en general, y tiene en su mano derecha —símbolo de poder y autoridad— a los líderes de estas iglesias. Es decir que ejerce autoridad sobre las iglesias. Esto, más el hecho de que de su boca sale una espada de dos filos, que es la Palabra de Dios, les asegura a quienes leen la profecía que lo que está escrito allí posee toda la autoridad divina. Él estuvo muerto, pero ahora vive, es una presencia vivificante pero también desafiante, y la iglesia deberá escuchar su mensaje que trae consolación, pero también la amonestación debida.

La reacción de Juan ante la visión es caer al suelo como muerto. La presencia de la divinidad causó una reacción similar en los profetas del Antiguo Testamento, como Moisés (Gn 3.6), Jeremías (Jer 1.8-9) e Isaías (Is 6.5-7). El ser humano no puede permanecer de pie ante Dios. Pero el Cristo resucitado le asegura que no debe temer por su vida, pues Juan se encuentra en la presencia de la Vida misma. Jesucristo ha vencido la muerte y el Hades, el lugar de los muertos según la creencia de aquel entonces. La descripción es similar a la que se hiciera en el v. 8 de Dios como Alfa y Omega. Aquí Jesucristo es el primero y el último, el que vive en un eterno presente. Estos son atributos de Dios que Juan, al igual que las comunidades cristianas primitivas, atribuía al Cristo resucitado. En forma similar el evangelista Juan nos habla de Jesucristo como el Verbo de Dios (Jn 1.1-5).

Aquel que es semejante al Hijo del hombre le ordena a Juan escribir la visión en un libro. La manera en que esto se describe es importante: «Escribe, pues, las cosas que has visto, las que son y las que han de ser después de estas». Las cosas que has visto se refieren a la visión, a la revelación que Jesucristo le ha dado o le dará. Esta visión está compuesta de las cosas que son y las que han de ser después. Juan tiene acceso en forma espiritual (1.10) a la esfera celeste donde se le permitirá observar un drama cósmico entre el bien y el mal que refleja las realidades terrestres. Lo que Juan ve es una descripción en forma simbólica de lo que acontecerá en la Tierra en forma real. De esta manera Juan puede consolar a sus hermanos, dándoles un anticipo de hacia dónde se dirige la historia. Dios triunfará y el mal será derrotado para siempre. Los creyentes vivirán con Dios en perpetua felicidad.

El texto para hoy

Es importante notar la manera en que Jesús es descrito en este primer capítulo. En 1.5 se dicen tres cosas de Jesús: a) es el testigo (mártir) fiel, b) es el primogénito de los muertos y c) es el soberano de los reyes de la Tierra. En 1.13-18 estas tres cosas se repiten, pero al revés: c') la visión lo describe como soberano, b') afirma que vive, a') y que estuvo muerto (martirizado). La implicación aquí es que el camino del reino y del poder es el testimonio fiel que lleva a la muerte y luego a la resurrección. Esto es así tanto para Jesús como para los demás creyentes que también serán llamados testigos en el transcurso de este libro. En 1.9 el autor, Juan, parece hacer referencia a esto cuando se define a sí mismo como compañero en los sufrimientos y en el reino, y en la perseverancia de Jesucristo. La idea se refuerza entonces. El camino que lleva al reino, al reinado, es el sufrimiento y el ejemplo supremo es Jesús. Porque él sufrió y venció, nosotros quienes sufrimos también podemos vencer.

El Apocalipsis fue muy importante para comunidades que estaban sufriendo en carne propia el hostigamiento del Imperio Romano, a quien este libro va a identificar como un poder bestial, inhumano. El mensaje es todavía relevante. Dios es el Dios que viene a juzgar a las naciones y a los imperios modernos por la forma en que han oprimido a los pobres de la tierra. El pueblo creyente sabe que los días de los poderosos están contados. Sin embargo es evidente que aún vivimos en un mundo que sufre y se desangra día a día en guerras inmorales e idólatras (pues sirven al dios Mammon), en injusticias sociales, pobreza, hambre, violencia familiar, prejuicios raciales, sexuales, etc. El reino prometido al pueblo fiel ha sido ya dado en forma representativa al Hijo del hombre, Jesucristo, pero aún no vemos cómo este poder se concreta en la liberación del ser humano. Sin embargo, por la fe, lo vislumbramos, y al hacerlo nos comprometemos a trabajar junto a Dios en la creación de este reino.

El pueblo creyente, al igual que Juan, debe estar conectado espiritualmente con Dios y los demás, debe practicar la adoración a Dios que se da cada vez que nos reunimos para compartir el pan y alentarnos mutuamente. Es en ese contexto donde la profecía de este libro, el mensaje liberador de Dios, halla cobijo en nuestros corazones, y la iglesia se transforma así en el pueblo que anuncia el reino. El contexto del Apocalipsis es litúrgico, como veremos claramente en los próximos capítulos. Es entonces importante que la iglesia se pregunte hoy sobre qué función cumple su liturgia, su culto a Dios. Juan parece decirnos que la liturgia de la iglesia, al centrarse en la visión del Dios que libera y hace justicia, y al anunciar el nuevo día que se acerca en forma irreversible (1.3), debería ser profética. La pregunta es entonces, ¿es nuestro culto a Dios profético, o utilitario? ¿Es nuestro culto solidario con el oprimido, o solamente adoramos a Dios esperando que Dios nos haga prosperar? Trataremos de responder a estas preguntas a medida que nos adentremos más profundamente en el laberinto del Apocalipsis.

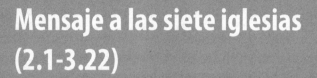

Mensaje a las siete iglesias (2.1-3.22)

Capítulo 2

El mensaje a las siete iglesias se transmite por medio de siete cartas que manifiestan una estructura similar: introducción, cuerpo y conclusión. En cada una de ellas, antes de la introducción, escuchamos la voz del Cristo resucitado ordenándole a Juan escribirle al ángel de cada iglesia en particular. Como dijéramos antes, el ángel se refiere posiblemente a la persona encargada de la congregación. La forma es siempre la misma: «Escribe al ángel de la iglesia en...».

En la introducción encontramos una descripción del Cristo resucitado utilizando los símbolos y varias de las metáforas de la visión del capítulo 1. La estructura gramatical es siempre la misma y aunque la RVR coloca las palabras «dice esto» al final de la descripción cristológica (o sea de Cristo) preferimos seguir el orden de la NVI que las coloca al principio: «Esto dice...». De paso, este es el orden en el texto griego.

En el cuerpo de cada carta tenemos una afirmación de que el Cristo resucitado conoce la situación de cada iglesia en particular. Por eso puede congratularlas y/o condenarlas. Ambas cosas suceden en el mensaje a Éfeso, Pérgamo, Tiatira y Sardis. En el mensaje a Esmirna y Filadelfia sólo hay congratulación. Y Laodicea solamente recibe condenación.

Finalmente, cada carta termina con una promesa para quienes logren sobrellevar las pruebas que se avecinan. La expresión es similar en cada una de ellas, incluyendo siempre la palabra «vencedor» y la fórmula «El que tiene oído, oiga lo que el Espíritu dice a las iglesias». Notamos que mientras que el Cristo resucitado es el sujeto en la introducción de cada carta, el Espíritu Santo es el que interpela a las iglesias en la conclusión.

Esto significa que el Cristo resucitado habla a través del Espíritu Santo. De manera similar, Juan el evangelista dice que en la era postpascual es el Espíritu Santo, el Consolador, el que hablará de parte de Jesucristo (Jn 16.13).

Éfeso (2.1-7)

La primera iglesia a la cual Juan debe escribir es la de Éfeso. Esta ciudad era la más importante de la provincia de Asia, con más de 250.000 habitantes y templos magníficos entre los que se destacaban el de la diosa Artemisa (Diana para los romanos), una de las siete maravillas del mundo antiguo, el de la diosa Roma y el dedicado al culto al emperador. Con una actividad comercial importante y la presencia de diversos grupos étnicos, entre los que se destacaban los judíos, esta ciudad fue también el centro de operaciones del apóstol Pablo quien, según Hechos 19, había fundado la iglesia en esa ciudad. Desde allá, Pablo escribió varias de sus cartas (Gálatas, 1 y 2 Corintios, y quizás Filipenses y Filemón mientras se encontraba encarcelado). Otra cosa por la que se destacaba esta ciudad eran las artes mágicas. Se nos dice en Hechos 19.19 que un buen número de los que habían practicado la hechicería, al convertirse, confesaron sus prácticas y quemaron sus libros.

Jesús se presenta como el que tiene las siete estrellas, esto es, los líderes de las iglesias, en su mano derecha, la mano que simbolizaba el poder y la autoridad. Además, el Cristo resucitado se pasea entre los siete candelabros, las siete iglesias. La idea aquí es que Jesucristo ejerce suprema autoridad sobre las congregaciones entre las cuales camina examinándolo todo, viendo que todo esté de acuerdo al deseo de Dios. Nos acordamos de aquel pasaje de Génesis 3:8 donde se nos dice que Dios andaba recorriendo el huerto y que al escucharle el hombre y la mujer se escondieron, porque habían comido del fruto del árbol prohibido. Aquí el Cristo resucitado se pasea entre las iglesias y su mirada inquisidora las expone como si estuvieran desnudas, al igual que Adán y Eva en el Edén.

Jesucristo primero alaba a la iglesia por su perseverancia, su resistencia al mal. Esta iglesia se había opuesto a quienes querían aprovecharse de su investidura apostólica para sacar ventajas económicas, algo que ya era común por el tiempo en que se escribió el Apocalipsis. Esto les había acarreado algún tipo de sufrimiento, pero lo habían hecho por amor al nombre de Jesús. También, la iglesia había resistido la actividad de los nicolaítas, posiblemente un grupo que trataba de espiritualizar el mensaje del evangelio para así poder hacerlo compatible con el imperio. Se trataba quizás de cristianos ricos, pertenecientes a las clases más altas, que participaban de la vida cultural y política de la sociedad grecorromana y pretendían acomodar el evangelio para que justificara esta participación. En lugar de resistir, estaban dejándose llevar por la ideología y el clima cultural de la sociedad grecorromana. La iglesia de Éfeso los había rechazado y por ello recibe la aprobación del Cristo resucitado.

Sin embargo, no todo es positivo. La iglesia había abandonado su primer amor y por ello tenía que arrepentirse. De lo contrario el Cristo resucitado vendría a juzgarla, a quitarle el lugar de privilegio que ocupaba como candelabro delante de la presencia de Dios (1.12). ¿A qué se refiere este primer amor? La iglesia parecía ser doctrinalmente sana, a juzgar por el rechazo de los falsos apóstoles y de los nicolaítas. Habían también sufrido por amor al nombre de Jesús, así que este primer amor no se puede referir a pureza doctrinal, sino más bien al amor entre los creyentes, el amor solidario de unos para con otros. La palabra griega es *ágape* y era el nombre que recibían las celebraciones litúrgicas de los primeros cristianos. ¿Querrá esto decir que la comunidad había descuidado la expresión comunitaria del amor y la solidaridad? Posiblemente sí. Estaban tan preocupados en mantener la doctrina correcta, en lograr que las cosas en la iglesia se hicieran de acuerdo a la tradición de los verdaderos apóstoles, que se habían olvidado del amor y de la solidaridad.

El premio para la iglesia que vence es que podrá comer del árbol de la vida que está en el paraíso de Dios. Es la promesa de vida eterna y, como veremos en el capítulo 22, es el árbol que se encuentra en la Jerusalén celestial, la ciudad que habitarán los que han permanecido fieles a Dios. Es interesante notar que mientras en el libro de Génesis este árbol se prohíbe, aquí se promete. La diferencia está en que, mientras allí la desobediencia del ser humano lo descalifica para comer del árbol de la vida, pues de otra manera vivirían en un estado de eterna desobediencia, aquí la obediencia de la comunidad la capacita para comer de este árbol y vivir eternamente con Dios.

La iglesia de hoy en día haría bien en escuchar el mensaje a la iglesia de Éfeso: no estemos tan preocupados por la doctrina, los procedimientos eclesiásticos, la burocracia administrativa, sino más bien cuidemos de no olvidar el amor porque, como dijera Pablo en 1 Corintios 13, el amor es lo único que trasciende las estructuras de la iglesia y las afirmaciones temporeras de la teología.

Esmirna (2.8-11)

La ciudad de Esmirna era, después de Éfeso, una de las más importantes del Asia Menor. Protegido por una bahía natural, su puerto recibía navíos de todas las regiones del Imperio, facilitando así el intercambio de mercaderías y materias primas que habían contribuido a la riqueza de la ciudad. Desde tiempos antiguos, Esmirna había sido una ciudad majestuosa, con templos edificados en la cima de una de sus colinas principales de manera que la circundaban cual corona. Esto hizo que mereciera el título de «la corona de Esmirna». La ciudad había sido destruida y saqueada en el siglo sexto a. C. por los lidios (habitantes de Lidia), siendo reconstruida posteriormente, recobrando así su esplendor pasado. Era esta una ciudad que sabía de muerte y de resurrección culturales.

Había en Esmirna una comunidad judía importante. Sus miembros no vivían en guetos, sino que estaban integrados a la vida económica, civil y política de la ciudad. Como sabemos, los judíos gozaban de lo que hoy llamaríamos libertad de cultos. Era la única religión a la que le era permitido abstenerse de la adoración de otros dioses, entre ellos el emperador, sobre la base de que esto era un componente fundamental de su fe. Los cristianos buscaron al principio ser reconocidos como una especie de judaísmo, ya que esto les proporcionaba las mismas libertades. Pero cuando los judíos comenzaron a separarse decididamente de las comunidades cristianas, estas se encontraron en la difícil situación de tener que explicarle al imperio por qué era que ellos no adoraban a los dioses de Roma y no rendían culto al emperador. Esto les acarreó persecuciones y sufrimientos. Sin embargo, estos sufrimientos no durarían mucho, según lo sugiere la expresión «diez días», que se refiere a un periodo corto de tiempo.

El Cristo resucitado se presenta como «el que estuvo muerto y vivió», un título muy apropiado para una comunidad que estaba experimentando persecuciones que podrían costarle la vida a más de una persona. El mensaje central del pasaje se encuentra en el v. 10a: «No temas lo que has de padecer». La estructura literaria de los vv. 8-10 hace posible identificar la situación de la comunidad. Veámosla:

a. El Cristo resucitado se presenta como el primero y el postrero, el que estuvo muerto y vivió.

  b. Dice conocer la tribulación por la que está pasando la comunidad.

    c. El origen de la tribulación parece ser la blasfemia de los que son sinagoga de Satanás.

      x. Cristo alienta a la iglesia: No temas lo que has de padecer.

    c'. El Diablo echaría a algunos a la cárcel para que fuesen probados.

  b'. Tendrían tribulación por diez días.

a'. La fidelidad hasta la muerte asegura para la comunidad la corona de la vida.

Esta estructura gramatical se llama «quiasmo». La palabra se deriva del nombre de la letra griega *chi*, que tiene la forma de una X. Si partimos esta X por la mitad, nos queda una figura como si fuera una punta de flecha, algo como: >. Las letras abc y a'b'c' se alinean alternadamente a lo largo de esta figura:

a
    b
        c
            x
        c'
    b'
a'

Las frases o puntos a y aí son paralelos, como lo son también b y bí, etc. Al centro de toda la construcción, el punto x es lo más importante, lo que se quiere recalcar en toda la construcción.

En este pasaje se notan claramente las semejanzas temáticas y de palabras: aa': muerto y vivió/muerte... vida; bb': tribulación/tribulación; cc': Satanás/Diablo; x: No temas lo que has de padecer. Dado el contexto histórico que describiéramos anteriormente, es probable que la comunidad cristiana en Esmirna estuviera siendo hostigada por un grupo de judíos entre los cuales esa comunidad vivía. La razón podría haber sido el deseo de que las autoridades romanas vieran la diferencia que existía entre esa iglesia y la sinagoga. Los líderes de la sinagoga deseaban distanciarse ideológica y políticamente de la comunidad cristiana. «Estos no son judíos —habrían dicho— son gentiles y no merecen tener los mismos privilegios que tenemos nosotros. En realidad no tenemos nada que ver con esta ideología mesiánica. Nosotros somos respetables ciudadanos de esta ciudad».

Esta posible situación histórica explica la terminología que se utiliza aquí. «Sinagoga de Satanás» sería una manera de referirse al hostigamiento de los judíos. No significa que Satanás vivía en la sinagoga, sino más bien que el discurso era satánico, malvado. De manera similar, Juan se refiere a la persecución y al encarcelamiento de los creyentes como algo que es obra del Diablo. Los poderes religiosos y políticos de Esmirna se habían confabulado para destruir a la pequeña comunidad cristiana, una comunidad pobre (v. 9) pero rica para con Dios. La promesa es que quienes se mantuvieran fieles recibirían como premio «la corona de la vida», una metáfora que nos habla de la vida eterna, y por cierto muy apropiada para la comunidad de Esmirna (ver arriba). Pero esta muerte era una muerte que estaba preñada de vida, de resurrección, y no había por qué temerle. La muerte total, absoluta, era la segunda muerte, la que estaba destinada para el Diablo y sus ángeles, y para quienes no obedecieran a Dios: una muerte sin la esperanza de resurrección, una muerte eterna (20.6,10,14; 21.8).

Este mensaje para la iglesia de Esmirna es profundamente contextual y debe interpretarse siguiendo cuidadosamente el análisis que hemos propuesto arriba. No se trata aquí de una acusación generalizada para todos los judíos de todos los tiempos. Se trata más bien de la forma en que una comunidad marginal se defiende de las acusaciones de las que es objeto utilizando un lenguaje polémico que tiende a ser exagerado. Sabemos que, unos doscientos años después, la iglesia cristiana llegó a perseguir a los judíos y lo siguió haciendo aun en los tiempos modernos. Debemos siempre cuidarnos de no hacer afirmaciones generales o universales cuando interpretamos pasajes escabrosos de la escritura, como éste por ejemplo.

Pérgamo (2.12-17)

El Cristo resucitado se presenta como el que tiene la espada aguda de dos filos, la cual, según el v. 16 y la visión de 1.16, sale de su boca (véase también 19.15). Como dijéramos antes, esto se refiere a la Palabra de Dios, la palabra profética que denuncia el pecado en el pueblo de Dios y en el mundo. Aquí, evidentemente, la denuncia profética tiene como destinataria a la comunidad cristiana en Pérgamo. Esta comunidad tiene algunas cosas positivas: se había mantenido fiel al nombre de Jesús y había producido ya un mártir, Antipas, quien había sido muerto en aquella ciudad como consecuencia de su testimonio. La ciudad se describe como el lugar donde habita Satanás. Esto puede referirse a dos cosas: una, a que era la capital de la región, el asiento de la administración romana en la provincia de Asia; la otra, a que era una ciudad donde había muchos templos paganos, uno de los cuales era el templo dedicado a César Augusto y a Roma. El culto al emperador se había establecido en esta ciudad a partir del año 29 a. C. Las prácticas idolátricas en los templos, que incluían banquetes en honor al dios o la diosa, y la adoración del emperador como si fuera un dios, hacían de esta ciudad, desde la perspectiva del escritor inspirado, un lugar satánico.

Se amonesta a la comunidad por permitir en su medio a quienes siguen la doctrina de Balaam y a los nicolaítas. Estos últimos ya han sido descritos en el mensaje a la iglesia de Éfeso (ver arriba). La doctrina de Balaam parece ser una referencia a prácticas idolátricas y quizás inmorales (véase la mención de fornicación en el v.14, aunque esto puede ser simplemente una alusión a la idolatría) asociadas con la adoración en los templos paganos. La iglesia de Pérgamo parecía no objetar la presencia en su medio de personas que participaban abiertamente de estas prácticas. El Cristo resucitado promete venir pronto en juicio contra estas personas, a menos que la comunidad se arrepienta. El juicio sería ejecutado con la espada que sale de su boca, o sea, el mensaje profético, la palabra de Dios, y los destinatarios serían los que pretendían acomodar el evangelio a las prácticas de la sociedad grecorromana.

Pero el Cristo resucitado también premiaría a los que se mantuviesen fieles, como lo fue Antipas, quien pagó con su vida el no acomodarse al sistema cultural y político del imperio. El premio sería el maná escondido. Esto puede ser una referencia al banquete mesiánico, del que los fieles participarían en el reino de Dios, o a la Eucaristía, la Santa Cena, que anticipaba litúrgicamente ese banquete escatológico. A las personas que se abstuvieran de participar en las actividades culturales idólatras sancionadas por el imperio, el Cristo resucitado les promete un banquete celestial y, para poder acceder al mismo, un nuevo nombre, una nueva identidad, la de ser hijos e hijas del Dios de la vida. La piedrecita blanca solía utilizarse en la antigüedad como invitación a un banquete. Aquí es la invitación personalizada, ya que nadie conoce el nombre escrito en ella, sino solo la persona que la recibe (y Dios, por supuesto, que es el que invita al banquete celestial).

¿Cuál es el mensaje de esta carta para la iglesia actual? Tenemos aquí una congregación que por un tiempo supo mantenerse fiel al evangelio de tal forma que algunos estuvieron dispuestos a dar su vida por dicha fidelidad. Pero ahora han decidido que es mejor adaptarse a la sociedad contemporánea para, tal vez, evitar mayores persecuciones o simplemente evitar que se les margine y critique. Me pregunto cuántas iglesias hoy en día harán lo mismo. En lugar de resistir, y arriesgarse a enfrentar las consecuencias de esa resistencia, se adaptan —en nombre de la coexistencia pacífica y de la legitimidad institucional— a la sociedad contemporánea. Lo cierto es que cuando se vive hacia el interior del imperio donde está el trono de Satanás, porque es un sistema que ha usurpado el lugar de Dios, la adaptación no es siquiera una opción. Es siempre una traición a los valores fundamentales del evangelio. No resistir es negar al resucitado, es cambiar el banquete del reino de Dios por las migajas que caen de la mesa cultural del imperio.

Tiatira (2.18-29)

De las siete ciudades quizás esta haya sido la menos importante en términos militares, políticos y religiosos. Pero comercialmente se destacaba mucho. Existían allí las industrias de manufacturas de telas de lana y de un tinte de púrpura, producto local muy costoso (Hch 16.14). También había manufacturas textiles, del cuero, la alfarería y la fundición del bronce. Todas estas ocupaciones congregaban a las personas en asociaciones artesanales que cumplían un rol social importante, el cual incluía el aspecto religioso-político, donde se mostraba lealtad al emperador a través de rituales en alguno de los templos paganos. Si una persona era cristiana y a la vez miembro de una de las asociaciones artesanales, se veía en la difícil situación de tener que decidir entre rendirle culto al emperador, lo cual se hacía ofreciendo incienso en el altar o una oración a su favor, o sencillamente abstenerse, lo cual podía costarle su membresía en la asociación. La decisión no era fácil, y la carta a esta iglesia pareciera reflejar esta tensión.

Jesús se presenta como el que tiene «ojos como llama de fuego y pies semejantes al bronce pulido», una descripción que viene de la visión de 1.14-15. La iglesia de Tiatira sabe entonces que Jesús puede escudriñar «la mente y el corazón», y que sus pies están bien plantados para ejercer el juicio. Si consultamos el Salmo 2.9, citado en el v. 27, notamos que esta promesa de ejercer el gobierno sobre las naciones con vara de hierro y de quebrarlas como vaso de alfarero es dada al rey de Israel, el cual es una prefiguración tipológica del futuro Mesías (que significa ungido). Juan considera que Jesús es este Mesías, y por ello es apropiado representarlo con estas imágenes. Es importante notar que ambos materiales, la arcilla y el bronce, se utilizaban en las artesanías de Tiatira.

La iglesia es felicitada por sus obras postreras: amor, fe, servicio y perseverancia. Esto es algo positivo. Sin embargo hay algo en la iglesia que no funciona. La congregación tolera a una mujer «que se dice profetisa» y que está enseñando lo que obviamente es una doctrina contraproducente. Examinemos el lenguaje con mayor detenimiento. La mujer se dice profetisa. Esto puede significar que el autor está criticando el rol de las mujeres como líderes, en este caso como profetisas, o que simplemente está diciendo que esta mujer en particular es una falsa profetisa, lo cual no quita que existan otras que sean verdaderas. Nos inclinamos por la segunda posibilidad, es decir que Juan, lejos de cuestionar el rol profético de la mujer en la comunidad, está criticando a una profetisa en particular. Esto viene del hecho de que ya desde el tiempo de Pablo las mujeres cumplían funciones importantes dentro de la congregación, entre ellas, la función profética (1 Co 11.5; Hch 21.9). El nombre «Jezabel» es posiblemente simbólico, para compararla con la reina de Israel del mismo nombre, esposa del rey Acab, que indujo al pueblo a adorar ídolos y a su esposo a cometer un asesinato con el fin de acrecentar sus posesiones (1 R 16.31-33; 19.1-4; 21.1-29). La fornicación de la que se habla en el v. 20 no significa que esta mujer promoviera orgías, sino que se refiere más bien a la idolatría a la cual los miembros de la iglesia en Tiatira estarían expuestos al participar del culto al emperador a través de las asociaciones artesanales. Como sabemos, en el Antiguo Testamento la fornicación es un símbolo para hablar de la infidelidad religiosa (véase por ejemplo Ez 16).

Hay dos grupos de personas asociadas con Jezabel, la profetisa de Tiatira: las que adulteran con ella y sus hijos. Al primer grupo se le advierte de que si no arrepienten les sobrevendrá gran tribulación. Esta palabra generalmente se utiliza para hablar de la tribulación de los tiempos del fin. La actividad de esta profetisa y de sus seguidores merece la reprobación del Cristo resucitado y la amenaza de un castigo escatológico. El segundo grupo está constituido por sus hijos. Estos podrían ser algo así como sus discípulos, personas que estarían encargándose de propagar sus enseñanzas entre la congregación. La doctrina de Jezabel consistía posiblemente en un tipo de conocimiento profundo, accesible a unas pocas personas, que el autor llama «las profundidades de Satanás» (véase 1 Co 2.10). Porque el Cristo resucitado conoce los corazones y juzga de acuerdo a las obras de cada persona, va a juzgar a la mujer y sus hijos con un juicio sumamente severo que podría ocasionar la muerte. En el capítulo 12 aparecerá la imagen de otra mujer también con descendencia. Pero en este caso la mujer va a representar a Israel, o a la iglesia, y veremos que Dios va a protegerla, y a sus hijos, de la muerte.

La autoridad mesiánica del Cristo resucitado, autoridad que según el texto le fue dada por Dios el Padre, es compartida con el pueblo de Dios, o sea, con los que han vencido la tentación de adorar al imperio y su sistema económico que demanda devoción idólatra. El lenguaje que se utiliza para describir esta autoridad viene del Salmo 2.8-9. Para una audiencia contemporánea, este lenguaje puede resultar problemático por su agresividad, pues afirma que las naciones serán quebradas como si fueran una vasija de barro. Pero esto no debe ser tomado literalmente. Para una comunidad que tenía que soportar la autoridad tiránica del Imperio Romano, esta afirmación les daba consuelo y esperanza, pues sabían que el poder de Roma no era tan absoluto como se creía. El Cristo resucitado, el Mesías, había recibido toda autoridad de parte de Dios (Mt 25.18-20; Hch 1.8). Pero esta autoridad no era como la del imperio, que aniquilaba a quienes no se sometían. Esta autoridad era para regir por medio de la justicia, del amor y de la solidaridad. Los creyentes que permanecieran fieles eran invitados por Dios mismo a un cogobierno con el Mesías.

Por último, al pueblo fiel se le promete la estrella de la mañana, la cual en 22.16 se aplica a Jesús mismo. Aquí posiblemente se refiera a Venus, símbolo de victoria para los romanos. Esta estrella anunciaba el fin de la noche y el comienzo de un nuevo día. Los miembros de la comunidad que permanecieran fieles a Cristo y su reino serían como luz en medio de la oscuridad, que en este contexto se referiría al mundo dominado por el Imperio Romano.

El mensaje para la iglesia actual es claro: aun en las mejores congregaciones existen ideologías de sometimiento a los requerimientos de la sociedad de consumo, que hace que haya tensiones en las iglesias mismas. En muchas de nuestras iglesias coexisten un espíritu de amor y servicio al prójimo con uno de egoísmo y desinterés, un espíritu de fe y de perseverancia con uno de laxitud y de acomodamiento. Dios nos está dando tiempo para que nos arrepintamos y volvamos al camino de la solidaridad y del amor, al camino de la resistencia profética y el compromiso con la vida. Por eso las palabras del profeta de Patmos nos interpelan hoy tal como ayer: «El que tiene oído, oiga lo que el Espíritu dice a las iglesias».

Sardis (3.1-6)

Dos datos sobre la ciudad de Sardis son importantes para entender el mensaje a esta iglesia. El primero es que la ciudad estaba edificada sobre una loma bien escarpada y por eso nunca había podido ser tomada por medio de un ataque frontal. Sin embargo dos veces, una en el año 549 a. C. y otra en el 195 a. C., había sido invadida por un descuido de los guardias que permitieron que un grupo de enemigos se introdujera subrepticiamente en la fortaleza y abriera la puerta desde dentro. El segundo dato es que una de las principales manufacturas de la ciudad era la de artículos de algodón y de tintura.

La iglesia aparentemente estaba viva, pero realmente se estaba muriendo (v. 1). Una lectura rápida del texto comprueba que Jesús exhorta a esta iglesia más que a ninguna otra. Lo hace por medio de cinco imperativos: sé vigilante (que también puede traducirse «despiértate»), confirma (o «afirma»), acuérdate, guárdalo y arrepiéntete. Realmente, hay muy pocas cosas dignas de encomio en esta congregación.

La imagen del ladrón en la noche puede referirse a la segunda venida de Cristo (Lc 12.39-40; 1 Ts 5.2-8; 2 P 3.10) o a la venida presente del Cristo resucitado para juzgar a la iglesia. Esta imagen es muy relevante para la gente de Sardis, quienes seguramente se acordaban que la ciudad había caído en manos de sus enemigos por falta de vigilancia. La necesidad de velar, de estar despiertos, se repite dos veces en este corto pasaje, en el v. 2 y en el v. 3. El premio a la fidelidad, que el autor describe como no haberse manchado las vestiduras (una referencia quizás al bautismo), es que estas personas caminarían con Jesús en vestiduras blancas y sus nombres no serían borrados del libro de la vida. Esta es la primera vez que se menciona este libro en el Apocalipsis. En él están anotados los nombres de las personas que acceden a la vida eterna (ver 13.8; 17.8; 20.12; 21.27).

Los vestidos blancos en el Apocalipsis se refieren a veces a los mártires. Por ejemplo en 6.11; 7.9 y 13-14. Otras veces indican pureza y santidad, como en 4.4 y 19.14. Pero también podrían referirse al bautismo, ya que la persona que era bautizada era vestida con ropas blancas que simbolizaban la nueva vida en Cristo. Posiblemente aquí se refiera a aquellas personas que al no someterse a la presión cultural del culto al emperador y a la participación en actividades sociales que incitaban a la idolatría, iban a poder compartir la gloria de Jesucristo en el reino futuro. Aquí el texto nos remite a Mt 10.32-33 y Lc 12.8-9, en donde Jesús asegura a quienes le confiesen delante de los seres humanos él les confesará delante de Dios y de sus ángeles, es decir, testificará que estas personas han sido fieles. Pero el texto nos dice que esta no sería la suerte de todos. Algunos serían borrados del libro de la vida. Esto implica que sus nombres no serían mencionados delante de Dios, sino más bien omitidos, ignorados. El nombre de una persona era importante porque la identificaba como miembro de cierta familia, de cierto clan. Generalmente a una persona se la identificaba por quién era su padre. Por ejemplo, Simón, hijo de Juan (Jn 21.15). Aquí los fieles, los pocos que quedaban en Sardis, serían identificados delante de Dios como pertenecientes a la familia del Cristo resucitado, el Cordero del capítulo 5. Ellas serían «dignas» (v.4) así como el Cordero era «digno» (5.9). Es interesante que la palabra griega es la misma en ambos casos.

El mensaje para la iglesia actual es penosamente claro. «No todo lo que brilla es oro» dice un proverbio latinoamericano. Y otro: «Las apariencias engañan». Hay veces que la actividad y el movimiento se confunden con vida. Hay muchas iglesias que se mueven, pero, ¿hacia dónde van? ¿Cuál es el propósito de tanta actividad? Muchas veces es solamente mantener el interés de la membresía, de manera que sigan aportando sus ofrendas. Así se le provee con programas que la mantiene entretenida y contenta. Cuando el programa deja de gustarles se van a otra iglesia que les ofrezca lo que esta ya no les da. De esta manera la iglesia se transforma en un supermercado a donde vamos a buscar la comida para nuestra alma. Se transforma en otra institución de nuestra sociedad en donde a veces, sin darnos cuenta, estamos rindiendo culto al dios del consumo. Al igual que a Sardis, el Cristo resucitado nos llama al arrepentimiento. De ello depende que nuestros nombres estén escritos en el libro de la vida.

Filadelfia (3.7-13)

A esta iglesia Jesús se presenta utilizando imágenes que no vienen de la visión del capítulo uno. Aquí se refiere a sí mismo como «Santo» y «Verdadero», atributos de Dios, y como «el que tiene la llave de David».

La referencia es a un pasaje de Isaías 22.22, en donde el rey de Israel se describe como poseedor de la autoridad de la casa de David, o sea, la autoridad máxima para ejercer el reino y para permitir o prohibir el acceso al mismo. Aquí es Jesús, como Mesías del linaje de David, el que garantiza el acceso al reino celestial a quien él quiere. Por eso le promete a la iglesia de Filadelfia una puerta abierta que nadie puede cerrar. Esta puerta abierta es la puerta del reino eterno, la Jerusalén celestial que aparece en el capítulo 21. Esta promesa puede deberse a que algunas sinagogas en Filadelfia habían comenzado a excluir a quienes afirmaban que Jesús era el Mesías de Israel. Esta polémica local, que también existía en otras partes del imperio, constituye el comienzo de la separación que daría nacimiento a las dos religiones más importantes del mundo occidental: el judaísmo y el cristianismo. En este libro, escrito por el año 90 d. C., tenemos el comienzo de dicha separación.

En este mensaje a la iglesia de Filadelfia aparece nuevamente, como en 2.9, la expresión «sinagoga de Satanás». Posiblemente se refiera a la complicidad de este grupo de judíos con el imperio a través de un acomodamiento cultural y religioso que tiene por objeto obtener beneficios económicos y prestigio social. Dicen ser judíos pero no lo son, pues no sirven a Yahvé sino al César y a su sistema satánico. Pero es importante recalcar que no se trata aquí de los judíos como raza o como religión. Como dice el biblista chileno Pablo Richard, esta no es una expresión de antisemitismo, sino más bien de antiimperialismo. Así y todo, algunos miembros de la sinagoga se acercarían a la comunidad reconociendo que ahí estaba la presencia de Dios. De otra manera no se explica la actitud de postrarse de que nos habla el v.9. Esto podría referirse a la presencia de algunos judíos conversos en la comunidad cristiana de Filadelfia. O simplemente puede tratarse de una expectativa escatológica basada en el texto de Isaías 60.14, donde a los exiliados en Babilonia se les promete que los descendientes de sus opresores vendrían a postrarse en la Jerusalén reedificada, llamándola «ciudad de Jehová» y «Sion del Santo de Israel». Quizás los creyentes de Filadelfia esperaban que en el tiempo del fin se iba a producir una inversión en el destino de cada grupo y los cristianos serían no solamente liberados, sino también honrados como pueblo de Dios.

La paciencia de la congregación sería premiada. La iglesia sería guardada de la hora de la prueba que vendría sobre el mundo entero. Aquí se está refiriendo a un acontecimiento escatológico, una intervención divina en el mundo para poner fin al poder del mal y establecer la justicia. Jesús anuncia que vendrá pronto y por lo tanto la iglesia deberá estar lista para recibir el premio por su paciencia, teniendo cuidado de no descuidarse y sucumbir a las presiones de la sociedad, de manera que lo que fuera triunfo se transforme ahora en derrota y otros tomen su premio, su corona.

El Cristo resucitado promete al vencedor —esto es, al que resiste las presiones culturales, religiosas y políticas del mundo grecorromano— hacerle columna en el templo de Dios y que nunca más saldría de allí. Este dicho es oscuro y aparentemente incoherente en relación al mensaje total del libro, el cual afirma que en la nueva Jerusalén no habrá templo ya que Dios y el Cordero serán su templo (21.22). Si esto es así, lo que aquí se está prometiendo al vencedor es ser parte de un pueblo que compartirá con Dios y con el Cordero la gloria celestial por toda la eternidad. La multitud de los redimidos en el capítulo 7 son aquellas personas que han salido de la gran tribulación y están delante de Dios y el Cordero, alabándole día y noche. Este puede ser el trasfondo para entender la promesa a la iglesia de Filadelfia. En 7.15 se dice que Dios extenderá su tienda, o su tabernáculo, junto a ellos; y en 21.3, que el tabernáculo de Dios, la Jerusalén celestial, desciende y se establece en el nuevo mundo. Esto sería el cumplimiento de la promesa de 7.15. Los redimidos de la Tierra comparten ahora la gloria eterna junto a Dios y el Cordero en una Jerusalén celestial en donde no hay templo porque el pueblo fiel es hecho partícipe de la gloria de Dios. Este pueblo es columna del templo, espiritual que está constituido por una nueva humanidad la cual vive ahora, como al principio de los tiempos, en perfecta comunión con Dios. El templo físico, en tanto mediador de la gloria de Dios, es ahora innecesario. El acceso a Dios es directo e irrestricto. El cosmos ha regresado a su estado original antes de la caída. El círculo se ha cerrado. Dios es nuevamente «todo en todos» (1 Co 15.28).

La promesa de ser parte del templo viviente en la nueva Jerusalén va acompañada con la de tener el nombre de Dios, el de la nueva ciudad celestial y el del Cristo resucitado, escritos sobre las personas que se han mantenido fieles. Es el premio a la fidelidad y nos habla de una nueva identidad. Los creyentes son ahora parte de un edificio espiritual que incluye a todas las personas que supieron mantenerse fieles en medio de una sociedad que rinde culto al poder político y económico del Imperio Romano. Este nuevo nombre los califica como miembros de una nueva sociedad, una nueva ciudad, no Roma, sino la Jerusalén celestial.

Laodicea (14-22)

Jesús se presenta a esta iglesia como «el Amén, el testigo fiel y verdadero, el Principio de la creación de Dios». La frase «testigo fiel» viene de 1.5 y es uno de los atributos del Jesús resucitado. «Principio de la creación de Dios» nos recuerda al lenguaje utilizado para describir a la sabiduría en Pr 8.22-31 y al *logos* en el Evangelio de Juan. En forma similar el autor de la carta a los Colosenses nos habla de la preexistencia de Cristo (Co 1.15, 18). Este lenguaje de la preexistencia de Cristo se relaciona con el Evangelio de Juan por el hecho de que el Apocalipsis es una producción literaria de una comunidad teológicamente semejante a la del cuarto evangelio. En el Evangelio, Jesús, como *logos* divino, habla a los discípulos y al pueblo en forma directa. La palabra hecha carne habita en el mundo y ejerce su ministerio de manera personal. Aquí el *logos* habla por medio de una visión y es la responsabilidad de Juan comunicar su mensaje a las iglesias. Finalmente, Jesús es presentado como el Amén, es decir, aquel en quien se cumplen las promesas de Dios (2 Co 1.20).

Tres características de la ciudad de Laodicea se utilizan para comunicar el mensaje a la iglesia: la actividad económica, especialmente bancaria, la industria textil famosa por producir una lana negra brillante y un producto medicinal utilizado para curar enfermedades de los ojos. Conociendo estas tres características de la ciudad es fácil entender por qué el Jesús resucitado acusa a la comunidad de creerse rica cuando en realidad es miserable y pobre, por qué le acusa de estar desnuda y en necesidad de comprar vestiduras blancas para vestirse, y por qué le insta a ungirse los ojos con colirio para que vea. Evidentemente, el orgullo de una ciudad rica y autosuficiente se había metido en la iglesia. Sabemos que Laodicea fue destruida por un terremoto en el año 60 d. C. y que, rehusando la ayuda económica que le ofreciera el Emperador, hizo frente a la reconstrucción con sus propios fondos. El espíritu de autosuficiencia, de progreso, de afluencia era parte de la mentalidad de los miembros de Laodicea y esto hacia que estuviesen ciegos a la realidad del mundo, un mundo donde existía pobreza y opresión, esclavitud e injusticia, lo cual era todo justificado por el culto al emperador.

La reacción del Cristo resucitado ante esta iglesia se describe con uno de los símbolos más dramáticos de todo el Nuevo Testamento: «Por cuanto eres tibio y no frío ni caliente, te vomitaré de mi boca». Mucho se ha dicho sobre esta expresión. Algunos piensan que se refiere a tibieza espiritual y que Jesús le pide a una iglesia rica que sea también rica espiritualmente y no solo materialmente. Pensamos que la tibieza no se refiere a la vida espiritual, sino a la actitud de la comunidad ante el mundo grecorromano. La iglesia era tibia porque participaba de la riqueza, del prestigio, del progreso, de la vida en el imperio, sin ver ninguna contradicción con el discipulado cristiano. Para esta gente ser miembros de la sociedad imperial y ser miembros de la comunidad cristiana en Laodicea era algo normal. Vivían entre dos realidades. No eran fríos (totalmente adheridos a las normas de la sociedad imperial) ni calientes (totalmente adheridos a la visión apocalíptica de los cristianos pobres del Asia Menor). Sin decidirse ni por una cosa ni por la otra, sin ser testigos fieles y verdaderos del Reino de Dios, eran vomitados de la boca del que sí lo era (v.14). De paso, esta imagen viene de las aguas de Laodicea que tenían esta característica de ser tibias, aguas que, de ser termales en la cercana ciudad de Hierápolis, iban perdiendo su calor, de modo que al llegar a Laodicea resultaban repugnantes. Eran buenas para bañarse pero no para beber.

Sin embargo el Cristo resucitado ama a esta iglesia (v.19) y le ofrece la oportunidad de que se arrepienta. Si esto sucede, él vendrá a la comunidad y, si ésta le recibe, compartirá con ella la intimidad de una cena, una referencia quizás a la Cena del Señor, la Eucaristía. Esto significa que la iglesia estaba celebrando un sacramento vacío de significado, pues la presencia del resucitado no estaba en medio de la comunidad. A la iglesia de Filadelfia Jesús le había abierto una puerta que nadie podría cerrar, lo cual es una referencia al acceso de la comunidad al Reino de Dios. En esta iglesia la puerta está cerrada y debe ser abierta por los miembros de la comunidad. ¿Cómo se abriría esta puerta? Se abriría cuando los creyentes reconocieran al Cristo resucitado en el pobre y el menesteroso, en los miserables de la sociedad, en los ciegos. De esta manera, al solidarizarse con los marginados por el imperio y al erigirse como señal del Reino de paz y justicia, se convertirían en comunidades de testigos fieles y verdaderos y contarían en su medio con la presencia del Amén, del *logos* de Dios.

El mensaje a las siete iglesias, que son representativas de la iglesia a fines del primer siglo en esta región del Asia menor, no termina aquí. Continúa en el resto del libro con la revelación (apocalipsis) de lo que sucedería en el mundo en el cual vivían estas congregaciones. No es una descripción histórica en el sentido de que todo iba a suceder tal cual está descrito aquí; no es un plano o un bosquejo del futuro, sino más bien una elaboración teológico-simbólica de cómo debe mirarse la realidad desde la perspectiva de Dios. En el próximo capítulo la acción se trasladara al cielo, donde Juan recibirá una visión ideal de la realidad para transmitirla a sus hermanos y hermanas, con el objeto de animarles a ser testigos fieles del Dios de la vida.

El texto para hoy

Hoy, al igual que en el primer siglo, el discipulado implica la fidelidad a Jesús y a su reino. La iglesia que se adapta a la sociedad en la que vive, adoptando valores que son contrarios al reino de Dios, ha traicionado su vocación de ser luz del mundo y sal de la tierra. Me refiero aquí a la tendencia en algunas de nuestras iglesias a santificar la cultura occidental como cristiana y por lo tanto normativa. De esta manera se ha perdido la voz profética. Se han olvidado estas iglesias de defender al pobre y al necesitado, y en su lugar han participado voluntariamente de la riqueza de la sociedad capitalista invirtiendo millones en la construcción de enormes edificios que albergan congregaciones de proporciones gigantescas, en donde se predica un evangelio que privilegia el éxito y la prosperidad económica. Han apoyado al gobierno, al cual consideran instituido por Dios, en políticas económicas que afectan a los más desposeídos. Han visto con buenos ojos la invasión de otros países y la declaración de guerra en nombre de la democracia y la libertad. En algunos de nuestros países latinoamericanos varias de las iglesias más influyentes han favorecido la aniquilación de grupos disidentes por considerarlos subversivos o terroristas. No han percibido estas iglesias las motivaciones netamente económicas e imperialistas detrás de tales sucesos, y de esta manera han participado inconscientemente en la muerte de miles de personas inocentes, en la destrucción de ciudades y pueblos y de culturas milenarias, todo en nombre de una gesta que se proclama como justa y hasta cristiana.

A esta iglesia el Cristo resucitado llama al arrepentimiento. A pesar de todas las faltas y pecados, todavía hay una oportunidad para volvernos a Dios (2.5, 16, 22; 3.3, 19). Este arrepentimiento implicará renunciar a los privilegios obtenidos por habernos adaptado a la cultura circundante, cambiar de rumbo y orientarnos hacia la defensa de la justicia, la paz y la igualdad de todos los seres humanos. En suma, una decisión valiente de vivir el evangelio que predicara Jesús.

La adoración celestial (4.1–5.14)

Capítulo 3

La visión del trono (4.1-11)

En el capítulo cuatro comienza una nueva sección marcada por las palabras «después de esto». Acá Juan ve «una puerta abierta en el cielo» y la voz del Cristo resucitado (véase 1.10) lo invita a entrar por ella a las regiones celestes en donde se le mostrarán las cosas que habrán de suceder en la Tierra «después de estas». Esta expresión está preñada de esperanza, pues afirma que la situación presente no habría de durar para siempre. Otras cosas, otros eventos sucederían y en ellos el pueblo fiel experimentaría el triunfo final de Dios y del Cordero.

El vidente se encuentra de repente en el cielo de una manera espiritual (1.10), y lo primero que ve es un trono y a alguien sentado sobre el mismo. No se dice quién es este ser, pero se supone, a juzgar por 3.21, que será Dios el Padre o el Cristo resucitado. En 7.11 se confirmará esta suposición: se trata de Dios. Pero no es solamente un trono lo que el vidente ve. Hay toda una comitiva celestial alrededor del mismo en una escena similar a la que se desarrollaba en la sala del trono del emperador romano, en donde siempre se podía encontrar un grupo de sus consejeros, amigos y sirvientes atentos a sus necesidades y listos para adularle con palabras y aclamaciones de honor. Este es realmente el trasfondo de la visión del trono y el propósito es mostrarles a los lectores quién realmente está en control del mundo y a quién pertenece la Tierra y todo lo que en ella hay.

Por otra parte los profetas Ezequiel e Isaías también describieron a Dios sentado en un trono celestial y es muy probable que aquí el autor del Apocalipsis tenga estos pasajes en mente (véase Ez 1 y 3; Is 6).

La descripción del que está sentado no es antropomórfica, es decir, con rasgos humanos. Más bien se lo describe con atributos de metales preciosos, en este caso el jaspe y la cornalina, para dar a entender el carácter magnífico de la escena, ya que estos materiales eran escasos y raros y solo algunas personas, tales como reyes, emperadores y mercaderes acaudalados, los poseían (18.11). Para la mayoría de las personas, que quizás nunca habían visto de cerca un trozo de jaspe, una cornalina o una esmeralda, la mención de las mismas tiene como objeto producir asombro y admiración. El arco iris alrededor del trono tiene también la apariencia de una piedra preciosa, la esmeralda, y seguramente le haría recordar a la audiencia del pacto de Dios con Noé en el Antiguo Testamento. A la misma vez los relámpagos, truenos y voces que salían del trono traerían a la memoria la teofanía, o sea, la manifestación de la presencia de Yahvé, en el monte Sinaí (Ex 19.16).

La visión continúa con la descripción de veinticuatro ancianos sentados en veinticuatro tronos, posiblemente más pequeños, alrededor del trono principal. Estos ancianos posiblemente representan el pueblo de Dios del Antiguo y del Nuevo Testamento: las doce tribus de Israel y los doce apóstoles. Este pueblo, redimido por la sangre del Cordero (1.5), está delante de la presencia de Dios alabándole y dándole gloria. Las coronas de oro en sus cabezas podrían referirse al hecho de que este pueblo compartiría en la Tierra el reinado del Cristo resucitado. Esta había sido la promesa para la iglesia de Tiatira (2.26) y coincide con lo que Juan dice en 1.6: «Y nos hizo reyes y sacerdotes para Dios, su Padre».

Delante del trono, siete lámparas de fuego arden junto a un mar de vidrio semejante al cristal. El texto nos dice que esas lámparas son los siete espíritus de Dios y enseguida pensamos en la introducción del libro en donde se mencionan los siete espíritus de Dios para referirse al Espíritu Santo. Aquí, sin embargo, podría referirse a otra cosa. Como sabemos, los símbolos del Apocalipsis son multivalentes, es decir, tienen más de un significado. Si comparamos este pasaje con el capítulo 15.1-2 vemos que allí aparecen siete ángeles, los mensajeros de la ira de Dios, y un mar de vidrio, al igual que aquí, sobre el cual se posarían los vencedores de la Tierra. ¿No será que aquí se está describiendo el escenario donde sucederán los acontecimientos que serán descritos más adelante? Si es así, las lámparas aquí no representarían el Espíritu de Dios, sino a los ángeles mensajeros de Dios según la tradición judía.

¿Y que deberíamos decir de los cuatro seres vivientes? Nuevamente las posibilidades son varias: los cuatro vientos de los cuatro costados de la Tierra, los cuatro evangelios, etc. Es cierto que se asemejan a los seres vivientes de Ezequiel 1, pero la diferencia con estos últimos es que aquí cada ser viviente representa algo diferente: un león, un becerro, un ser humano y un águila, mientras que en Ezequiel cada ser viviente tiene cuatro caras representando un ser humano, un león, un buey y un águila. Pero también se parecen a los serafines de Isaías capítulo 6, los cuales están junto al trono de Dios y tienen seis alas cada uno, igual que aquí. Es bastante claro que el autor del Apocalipsis tiene en mente ambos pasajes, el de Ezequiel y el de Isaías. Siguiendo una antigua tradición rabínica que dice que estos animales son los más importantes de sus relativas especies y que el ser humano es mayor que todos ellos: posiblemente estos seres vivientes representen la totalidad de la creación de Dios.

Pero hasta ahora la descripción de la escena celestial no ha dicho nada sobre qué actividad se está desarrollando. Los versos 8b-10 nos informan que estos seres vivientes «dan gloria y honra y acción de gracias al que está sentado en el trono» por medio de un himno que es muy parecido en contenido al que entonan los serafines de Isaías 6:

¡Santo, santo, santo, Jehová de los ejércitos!
¡Toda la Tierra está llena de su gloria! (Is 6.3)

¡Santo, santo, santo es el Señor
Dios Todopoderoso,
el que era, el que es y el que ha de venir! (Ap 4.8b)

Cuando los seres vivientes entonan este himno, los veinticuatro ancianos se postran delante de Dios y echan sus coronas delante del trono en señal de total sumisión y reconocimiento de su autoridad. Presenciamos aquí, a través de la descripción del vidente, la adoración en la esfera celeste en donde todo el pueblo de Dios, representado por los ancianos, y toda la creación de Dios, representada por los cuatro seres vivientes, le rinden gloria y honra y acción de gracias sin cesar. Aquí es Dios el que reina y es su pueblo, ahora oprimido, el que eventualmente compartirá su gloria por toda la eternidad. De esta manera se relativiza nuevamente el poder del imperio.

En los vv.10-11 los veinticuatro ancianos entonan también un himno de alabanza que demuestra una vez más quién tiene realmente el poder: es Dios, el creador y sustentador de todas las cosas. La creación toda, representada aquí por los ancianos y los seres vivientes, debe su origen y su existencia presente a la voluntad de Dios. Esta visión cumple la función de instar a las comunidades receptoras del mensaje del libro a resistir el poder idólatra del imperio y su aparato burocrático, encargado de exigir e implementar el culto imperial, pues Dios es el único digno de recibir la gloria, la honra y el poder.

La visión del libro y del Cordero (5.1-14)

El capítulo cinco va a introducir un nuevo personaje celestial que va a constituirse en el centro de este drama apocalíptico. El capítulo tiene tres partes, cada una de las cuales se introduce mediante un verbo que significa observar o contemplar. La primera es la visión del libro (5.1-5). Aquí el vidente ve que el que está sentado en el trono tiene un libro en la mano derecha escrito por dentro y por fuera y sellado con siete sellos. La NVI traduce «rollo» pero en realidad no se puede saber, de acuerdo al griego, si se trata de un rollo o un libro. Ambas posibilidades son factibles. Es cierto que escribir en el reverso de un rollo no era lo más común; pero a veces, por necesidad, se hacía. Quizás la mejor explicación es que el autor tiene en mente aquí Ezequiel 2.10 donde también aparece un libro, o rollo, escrito en ambos lados y que contiene un mensaje profético de lamentos y juicios. Los siete sellos indican que este libro ha sido sellado por alguien con autoridad y que solamente alguien con la misma autoridad podrá abrirlo rompiendo la cera de los sellos.

Acto seguido el vidente ve un ángel que se esfuerza por encontrar a alguien que sea digno de abrir el libro y desatar sus sellos. Pero no se encuentra a nadie en todo el universo (a esto se refiere la expresión «el cielo, la Tierra y debajo de la tierra»), que pueda hacerlo. El vidente llora desconsoladamente, pues entiende que si el libro no es abierto los secretos escondidos en él, secretos que tienen que ver con el plan de Dios para la historia humana, no podrán ser conocidos. Pero uno de los veinticuatro ancianos le alienta diciéndole que alguien, a quien el anciano describe como el León de la tribu de Judá y la raíz de David, es digno de la tarea anunciada. Estos dos títulos vienen de Génesis 49.9-10 e Isaías 11.1-10, y se refieren a la autoridad del Mesías para reinar en el trono de David. Este ser es digno de ejercer tal reinado, pues ha vencido, y esto lo califica para abrir el libro y desatar los sellos. Aquí termina la primera parte.

La segunda parte, 5.6-10, comienza también con un verbo de observar: «Miré, y vi» (5.6). Es la visión del Cordero. Un nuevo elemento aparece en la escena del trono, algo que el vidente no había visto antes. De pie, «en medio del trono y de los cuatro seres vivientes y en medio de los ancianos», hay un Cordero que parece haber sido inmolado, sacrificado. El vidente espera ver un león, pero lo que ve es un Cordero degollado. Sin embargo, este Cordero, que tiene siete cuernos y siete ojos, está de pie. Esta posición indica que no es una víctima pasiva, sino que está vivo. El Cordero se acerca al trono y toma el libro de la mano derecha del que está sentado allí. Al instante la comitiva celestial formada por los ancianos y los seres vivientes se postran delante de él con harpas y copas de oro llenas de incienso. Nos dice el texto que estas copas contienen «las oraciones de los santos». La función de esta afirmación es asegurar a los fieles que sus oraciones son realmente escuchadas, que llegan a la presencia de Dios. A través de sus oraciones y de sus representantes, la humanidad redimida participa de la adoración delante del trono de Dios.

La comitiva celestial entona un cántico que va dirigido ahora al Cordero, un cántico que por eso mismo es «nuevo». ¿Quién es este Cordero que está de pie ante el trono de Dios? Sus siete cuernos nos hablan de autoridad y, por ser siete, número que significa totalidad, de una autoridad total y plena. Los siete ojos, que son los siete espíritus de Dios enviados por toda la Tierra, nos hablan del conocimiento omnisciente de Dios que reside también en el Cordero. El libro del Apocalipsis claramente identifica a este Cordero inmolado como el Cristo resucitado y exaltado. Es este Cordero inmolado quien, para la sorpresa de la audiencia, es el León de Judá y la raíz de David (v.5). El gobierno mesiánico de Cristo no está basado en su conexión con la dinastía real de David o con la tribu de Judá, sino en una cruz plantada en las afueras de Jerusalén, la ciudad de David. La ironía de esta imagen no pudo haber pasado desapercibida para las congregaciones receptoras de este mensaje. Por eso los ancianos cantan un himno nuevo.

Cristo es digno de tomar el libro y de abrir sus sellos, o sea, es digno de interpretar para la comunidad el significado del plan de Dios para la historia. Y esto es así porque fue inmolado, sacrificado. Jesús es el testigo fiel (1.5), el primer mártir de la comunidad asesinado por el imperio. La sangre del Cordero nos recuerda a la sangre del cordero pascual de Éxodo 12.1-13, que sirviera para proteger al pueblo de Israel de la destrucción que vino sobre los egipcios. Pero el alcance de la redención obtenida a través de la sangre de este Cordero es universal. No se limita al pueblo de Israel. Los redimidos por Dios, representados por el coro celestial, vienen de «todo linaje, lengua, pueblo y nación». Y este pueblo reinará con Dios sobre la Tierra. Esto se cumple en 22.5, donde los siervos de Dios y del Cordero reinan eternamente en una realidad sin noche, alumbrada por la presencia de Dios.

Otro verbo de mirar introduce la tercera parte, vv. 11-14. Es la visión de una multitud de ángeles. Pero el vidente no los ve, sino más bien los oye. Al igual que en Daniel 7.10, se trata aquí de millones de ángeles que adoran al Cordero por su acción a favor de los seres humanos. Su sacrificio le autoriza para recibir la misma alabanza que luego se le rendirá a Dios cuando, en el v. 13, todo lo creado se una a este acto de proclamación angelical. Es importante notar que esto se refiere no solamente a los seres humanos, sino a todas las criaturas, aun aquellas que habitan los lugares más inaccesibles como son el cielo, debajo de la tierra —una referencia al Hades, el lugar donde se creía que iban las personas al morir— y el mar, lugar donde se creía existían monstruos primordiales tales como el Leviatán (Is 27.1; Sal 104.26). A esto se agregan «todas las cosas que hay en ellos», es decir, la naturaleza: rocas, árboles, ríos, etc. El mensaje es claro: el Cordero comparte los atributos divinos y recibe la adoración de todo lo creado. Al igual que Dios, su dominio es supremo sobre todas las cosas y personas. El resto de la comitiva celestial, los cuatro seres vivientes y los veinticuatro ancianos, completan la escena al exclamar: «Amén» (palabra hebrea que significa que así sea), y al postrarse delante del trono y adorar, al igual que en 4.10, «al que vive por los siglos de los siglos».

El vidente ha presenciado en la esfera celeste un anticipo de lo que ha de suceder en la Tierra y de esta manera, al escribirlo según el mandato del ángel en 1.19, va a servir de consuelo y desafío para las iglesias que posiblemente están atravesando un tiempo de incertidumbre, quizás incluso persecución y, en algunos casos, hasta martirio. La visión del trono celestial, en donde todo lo creado se sujeta a la autoridad de Dios y del Cordero, les asegura a los creyentes del Asia Menor que su situación es solamente temporal y que la victoria eventualmente será suya. De esta manera el origen del sufrimiento de los fieles, que era el imperio y su organización social basada en el culto al emperador, se presenta como relativo, pasajero e insignificante comparado con la majestad de Dios y del Cordero. Los creyentes saben ahora quién está en control de la historia y cuál será su destino y el de sus enemigos.

El texto para hoy

La visión del trono de Dios nos habla sobre el objetivo último del ser humano y sobre el futuro del mundo. Es una visión, de manera que no se puede decir que sean hechos históricos. El vidente sube al cielo en el espíritu, no con su cuerpo. Son realidades espirituales que si bien tienen el poder de cambiar la historia, no son históricas en sí mismas. El propósito es modificar conductas, instar a la fe y alentar hacia una praxis concreta.

El objetivo último del ser humano es adorar a Dios el creador y redentor, no a los sistemas o productos humanos que se erigen tratando de reemplazar a Dios. Para la audiencia del Apocalipsis ese sistema era el Imperio Romano y el producto, el culto al emperador, que justificaba y mantenía el sistema económico del imperio. Para los creyentes de hoy en día es cualquier sistema que, en nombre de Dios, usurpe el derecho de los seres humanos a una vida digna y en libertad, y cualquier producto que mantenga dicho sistema vigente. Quizás podríamos pensar aquí en la globalización como el sistema que hoy en día se impone, en nombre de la cultura occidental cristiana, sobre los pueblos subdesarrollados del planeta y sobre sus culturas, y en la informática como el producto que lo mantiene y justifica.

La otra enseñanza del texto es que para los cristianos la interpretación de las escrituras es siempre cristocéntrica. Así como el Cordero era el único digno de abrir el libro, la Biblia (que significa libros en griego) solo puede ser entendida en clave jesuánica, es decir, a partir de un entendimiento de quién es Jesús y cuál es el mensaje del evangelio. Esta lectura de la Biblia, esta hermenéutica, garantizará que el texto sea siempre fuente de liberación y nunca de opresión. Las interpretaciones que excluyen y relegan a ciertos grupos de personas a una categoría secundaria darán paso a lecturas que enfaticen el carácter igualitario del mensaje del evangelio, en donde nadie es mayor que nadie, sino que todas las personas son siervas las unas de las otras en amor. El Cordero del Apocalipsis es digno de interpretar el libro de la historia, pues dio su vida por los demás. Este es el ejemplo que deberá guiar nuestra lectura del texto: solo la persona que está dispuesta a darlo todo por el prójimo podrá entender qué tipo de sociedad Dios tiene en mente.

Los seis primeros sellos (6.1-17)

Capítulo 4

En este capítulo comienza la apertura de los sellos del libro que Dios sostiene en su mano derecha y que ha dado al Cordero, el único digno de abrirlo. Se abrirán seis sellos, luego de lo cual sobrevendrá una pausa, un interludio, antes de la apertura del séptimo sello en 8.1. Este a su vez anunciará el toque de siete trompetas, las que seguirán el mismo patrón retórico: luego de las seis primeras habrá otro interludio (10.1-11.14) al cabo del cual se tocará la séptima trompeta (11.15-19), seguida por un tercer interludio el cual dará paso a las siete copas de la ira de Dios (15.1-16.21). Al derramarse la séptima copa se llevará a cabo el juicio de Dios y ahora sí ocurrirá el fin anticipado desde el principio del libro. Las tres series de siete —siete sellos, siete trompetas y siete copas— tienen como propósito crear una expectativa que concuerde con la ansiedad escatológica (de escatología, el discurso de las cosas del fin) de la comunidad, pues cuando el fin parece inminente algo nuevo sucede y lo pospone. Juan pareciera estar diciéndoles a las comunidades a las que escribe que no deberían pensar que el fin sería inminente, puesto que el mismo está en las manos de Dios y solo Dios sabe cuando ocurrirá.

Con la apertura de los cuatro primeros sellos, y obedeciendo la orden de uno de los cuatro seres vivientes («¡Ven!»), aparecen cuatro caballos con sus jinetes, cada uno de los cuales es enviado a cumplir una tarea específica en la Tierra. La autoridad para llevar a cabo esta misión les ha sido dada por Dios. Así lo sugieren los verbos en pasivo que aparecen a lo largo de todo este pasaje (le fue dada una corona, le fue dado poder, etc.) y que por lo general indican que el sujeto de la acción es Dios.

Los cuatro caballos y los cuatro jinetes son una imagen apocalíptica basada en Zacarías 1.7-17 y 6.1-8, donde encontramos jinetes y carros de guerra tirados por caballos de diferentes colores que cumplen la función de emisarios de Dios enviados a recorrer la Tierra e inspeccionarla. Aquí su función es ser agentes del castigo divino. Los colores de los caballos y los implementos de los jinetes son simbólicos. Considerémoslos en detalle.

El primer sello (6.1-2)

El primer caballo es blanco y el que lo monta representa la guerra. Así lo sugiere el arco y la corona sobre su cabeza, posiblemente la corona de laureles que se daba al vencedor. Justamente, este jinete sale para vencer. Es una figura bélica que puede estar refiriéndose a los partos, pueblo enemigo de los romanos famoso por sus arqueros montados y sus caballos blancos. En 19.11 otro jinete, también sobre un caballo blanco, sale a vencer seguido de los ejércitos celestiales. Se trata del Mesías. Pero aquí en el capítulo seis, este jinete es más bien una figura simbólica que representa la invasión de un pueblo enemigo y que haría pensar a la audiencia en un hecho tal como preludio al fin de la historia.

El segundo sello (6.3-4)

El segundo caballo es rojizo, simbolizando violencia y muerte. Su jinete lleva una espada y su misión es sembrar la muerte y la destrucción. La espada que lleva es grande —el término griego es *megale*— y posiblemente, como dice el teólogo cubano Justo González, sea un símbolo del poder imperial para decretar la pena de muerte. Este jinete tiene poder para quitar la paz de la Tierra. El lector o lectora enseguida se da cuenta que esto se refiere a la *pax romana*, que era lo que mantenía al mundo antiguo pacificado gracias al poder del ejército romano. Lo irónico del simbolismo es que la *pax romana* realmente significa ausencia de paz, ya que la misión del segundo jinete es quitar la paz de la Tierra y hacer que los habitantes del mundo se maten unos a otros. En otras palabras, la pacificación romana es falsa, pues se logra a través del asesinato.

El tercer sello (6.5-6)

El tercer caballo es negro y simboliza la hambruna. La balanza nos habla de precios justos. La voz que se oye de entre los seres vivientes describe una situación de gran injusticia: el precio del trigo y de la cebada es exorbitante, pero el del aceite y el vino es normal. ¿Cómo se explica esto? Sabemos que por el tiempo en que fue escrito el Apocalipsis los terratenientes del Asia Menor habían convertido muchas de las tierras fértiles en viñedos y olivares, pues eran productos de lujo consumidos por las clases afluentes. De esta manera la tierra dedicada al cultivo de los cereales fundamentales para la vida de los pobres, tales como el trigo y la cebada, se vio reducida. La consecuencia de esta política económica fue una gran escasez de granos que hizo subir su precio. Un denario era el salario de un día de un jornalero, pero aquí solo puede comprar un poco de comida. La situación es realmente injusta. Los ricos tienen acceso a precios normales y los pobres deben pagar precios exorbitantes. El jinete del caballo negro anuncia que como consecuencia de las prácticas deshonestas de los mercaderes el mundo sufriría una gran hambre como preludio al juicio final de Dios y del Cordero.

El cuarto sello (6.7-8)

El cuarto caballo es amarillo, traducido como «verdoso» en la BJ y «amarillento» en la NVI. Esto parece referirse al color de un cadáver en proceso de descomposición. Por eso su jinete es el único que lleva nombre: Muerte. Este caballero sombrío es seguido por los que habitan en las sombras, en el Hades, el lugar de los muertos. Su tarea es aniquilar a la cuarta parte de los habitantes de la Tierra. Para describir esta matanza se utilizan las calamidades tradicionales de la guerra: espada, hambre, mortandad (o pestilencia) y fieras (véase Ez 14.21; Jer 14.12). El Hades sigue a la Muerte de cerca para tragar y depositar en su estomago sin fondo a las personas que mueren a consecuencia de la actividad del cuarto jinete. La descripción no puede ser más macabra.

Con el cuarto caballo termina la serie de cuatro calamidades. Y esta última resume las otras tres o, dicho de otra manera, es la consecuencia natural de las otras tres. La muerte de la cuarta parte de los habitantes de la Tierra se debe a la invasión de ejércitos extranjeros, a la represión ejecutada por el imperio para justificar su sentido de paz, y al hambre causada por la escasez de alimentos debida a los precios inflacionarios dictados por las prácticas injustas de los poderosos. Todas estas calamidades son permitidas por Dios. El poder para invadir, reprimir y especular es algo que les es permitido a los seres humanos, de acuerdo al entendimiento del autor, por un Dios de cuyo control no se escapa nada, ni siquiera el mal.

El quinto sello (6.9-11)

Cuando el Cordero abre el quinto sello la escena cambia. Ya no hay más caballos ni jinetes. Ahora la escena se centra en el altar que está delante del trono de Dios (8.3, 5; 9.13; 14.18; 16.7). Debajo del altar el vidente ve las almas de los que han muerto por causa de la palabra de Dios y del testimonio, se entiende aquí, de Jesucristo (1.2, 9). Este lugar, debajo del altar, refleja su proximidad al trono de Dios. Sin embargo las almas de los mártires están angustiadas. Claman a gran voz por el juicio y la venganza divinos. La respuesta que reciben es que deben esperar todavía un tiempo pues el número de los mártires no está completo todavía. Muchos más han de morir por causa del testimonio de Jesucristo, pero esto solo Dios lo sabe. Las vestiduras blancas que se les dan nos hablan de una existencia celestial, de ser dignos, y de victoria, como lo demuestran otros pasajes del Apocalipsis (3.4; 4.4; 7.13). El vidente ve las almas, no los cuerpos. Esto significa que la resurrección no ha sucedido aún. Sin embargo las almas de los fieles están en la presencia de Dios aguardando sus cuerpos. Por eso claman: «¿Hasta cuándo Señor?».

El sexto sello (6.12- 17)

La apertura del sexto sello trae consigo un cataclismo de proporciones universales. Un gran terremoto produce cambios cósmicos en todo el universo. Nada queda sin ser afectado. El Sol se obscurece, la Luna se torna en sangre, las estrellas caen sobre la Tierra, el cielo se repliega cual pergamino al cerrarse, y la geografía terrestre es alterada totalmente. Toda la gente que habita sobre la tierra, desde los más ricos y poderosos hasta los más pobres y débiles (la lista incluye siete categorías de personas, lo que nos indica la totalidad de la humanidad), entienden que esto se debe al juicio final de Dios y quieren ocultarse de la presencia del que está sentado sobre el trono y del Cordero, pues saben que ha llegado el día de su ira. El deseo de las almas debajo del altar parece finalmente cumplirse. El lector ansía ver el final pero, ¿lo verá? El capítulo seis termina con esta gran expectativa. El día de Dios, anunciado por los profetas del Antiguo Testamento (Is 13.10; Ez 32.7-8; Jl 2.30-31), por los evangelistas (Mc 13; Mt 24; Lc 21) y por Pablo (1 Ts 4.13-5.11) está por llegar. La historia se acerca a su fin. El reino de Dios está a punto de manifestarse. Pero el visionario va a tener que esperar un poco más, pues el drama apocalíptico que se está desplegando delante de sus ojos no ha terminado aún. El tiempo del fin se retrasa en la visión y también en la historia de las comunidades a las cuales Juan escribe.

El texto para hoy

En todas las épocas de la historia humana ha habido injusticias, guerras, catástrofes naturales, que han hecho pensar que el fin de la historia se aproximaba. El pueblo creyente, sobre todo, ha sostenido que todo sucede de acuerdo al plan de salvación de Dios, quien es creador y también redentor. Sin embargo ha sido difícil explicar por qué, si Dios es un Dios de amor, tiene que existir tanto sufrimiento. Este problema se conoce con el nombre de *teodicea*. Este asunto permea las páginas de la Biblia, pero se hace especialmente notorio en los escritos apocalípticos, como el Apocalipsis de Juan.

Una de las cosas más difíciles de aceptar es que Dios permita el mal sin intervenir. El clamor de las almas de los mártires debajo del altar expresa justamente este dilema: ¿Hasta cuándo Señor? La respuesta es que todavía habrá sufrimiento por un tiempo y que solo Dios sabe cuándo cesará (Mc 13.32). En su conceptualización de un Dios todopoderoso y omnisciente, la teología cristiana siempre ha afirmado que a Dios le pertenece tanto el permitir el mal como el castigarlo. Ambas ideas aparecen en este capítulo: Dios permite la guerra, la opresión y la especulación injusta, pero al mismo tiempo es Dios quien al fin juzgará a los seres humanos por haber actuado depravadamente. Esto significa que el ser humano no debe tomarse venganza por sus propias manos, ya que la venganza le pertenece solo a Dios (v.10). Pero al mismo tiempo, el saber que Dios no acepta la injusticia, el asesinato y la opresión nos hace vivir de tal manera que esas situaciones sean condenadas y evitadas. Es entonces nuestra tarea edificar, con la ayuda de Dios, un mundo de paz y justicia resistiendo al mal tanto privado como corporativo, sabiendo que el mismo no tiene cabida en el plan de Dios.

Resistir al mal le costó la vida a Jesús, el Cordero; pero ahora lo vemos de pie delante del trono de Dios, el único digno de abrir el libro de la historia. Resistir al mal les costó la vida a los mártires debajo del altar; pero Dios les ha dado vestiduras blancas, el premio a su fidelidad. Resistir al mal puede llegar a costarles caro a los discípulos y discípulas contemporáneos; pero sabemos que el libro de la historia solo puede ser abierto e interpretado desde una praxis de resistencia a los valores del antirreino.

Primer interludio: los 144.000 sellados y los mártires de la tribulación (7.1-17)

Capítulo 5

El capítulo seis comenzó con cuatro caballos y sus jinetes enviados a la Tierra con una misión destructora. Y terminó con el anuncio de la llegada del día de la ira de Dios y del Cordero. Pero aquí, en el capítulo siete, el día del juicio no ha llegado aún. Es más, el proceso se detiene. El vidente ve cuatro ángeles parados sobre los cuatro ángulos de la Tierra (la gente de ese entonces creía que la Tierra era plana, una suerte de cuadrilátero). Estos ángeles están a cargo de los cuatro vientos que se pensaba causaban daño en el mundo. Pero otro ángel hace su aparición. Este parece tener más autoridad, pues lleva el sello del Dios vivo y les ordena a los cuatro ángeles menores que detengan la destrucción de la tierra, del mar y de los árboles hasta que los siervos de Dios sean sellados en sus frentes. La palabra griega para siervo, *doulos*, significa esclavo y se ha utilizado previamente para referirse a los destinatarios del libro y a Juan mismo (1.1). El sello indicaba propiedad y en este caso se pondría sobre la frente, un lugar bien visible (Ez 9.4-7), de manera que fuera imposible para estas personas negar su origen: son siervas de Dios. Pero, ¿quiénes son ellas?

Notamos en primer lugar que el capítulo siete parece responder a la pregunta de 6.17: ¿quién podrá sostenerse en pie en el día de la ira de Dios y del Cordero? Este capítulo parece decirnos que hay personas en la Tierra que pertenecen a Dios y ellas sí podrán hacerlo. En el v.4 el vidente oye el número de los sellados: ciento cuarenta y cuatro mil de entre las doce tribus de Israel, o sea, doce mil por tribu. Esta cantidad no es literal, sino simbólica. El doce, al igual que el siete, significa perfección, totalidad. Mil es un número que implica una gran cantidad, ya sea de años (20.2, 4,5) o, como en este caso, de gente. ¿Son estas personas israelitas o representan, como muchos sugieren, el nuevo Israel, o sea, la iglesia? Creemos que para Juan el nuevo pueblo de Dios no excluye a los israelitas, sino que, al igual que Pablo y los evangelistas, él entendía que Dios había formado un nuevo pueblo de entre todas las naciones. Hay tres datos en Apocalipsis que parecieran sugerir esto: la multitud en 7.9, los veinticuatro ancianos en el capítulo cuatro simbolizando las doce tribus y los doce apóstoles, y la visión de la Jerusalén celestial en 21.12-14 en donde hay doce puertas que corresponden a las doce tribus y doce cimientos que corresponden a los doce apóstoles.

Las ciento cuarenta y cuatro mil personas selladas en la frente se refieren a un remanente fiel de entre el pueblo de Israel, un tema común en el Antiguo Testamento. El sello en sus frentes las distingue como propiedad de Dios. Como la expresión «siervos» se utiliza en varias partes del Apocalipsis para referirse a todos los creyentes o testigos (1.1; 2.20; 6.11; 10.7; 11.18; 19.2, 5, 10; 22.3, 6, 9), concluimos que estas personas son parte del pueblo de Dios que sigue al Cordero. Observamos también que en 3.12 y 22.4 los creyentes tienen el nombre de Dios inscrito en sus frentes, igual que estas personas aquí. Pero hay también otra explicación que sale del contexto inmediato de este pasaje. En 6.11 se les dijo a las almas de los mártires que debían esperar hasta que se completara el número de sus consiervos que habían de ser muertos como ellos. Aquí, en 7.4, el número de los mártires llega a su término. Sugerimos entonces que los ciento cuarenta y cuatro mil representan simbólicamente a la totalidad del remanente fiel dentro de Israel. En el pensamiento del autor estos serían los verdaderos judíos, contrariamente a los de 3.9 «que dicen ser judíos y no lo son». Al igual que los mártires debajo del altar, estos creyentes de origen israelita han sido marcados como propiedad de Dios y han pagado con sus vidas el pertenecer al pueblo fiel.

Pero luego la visión cambia. Ahora el vidente ve una gran multitud en el cielo delante del trono y del Cordero en actitud de alabanza. Esta multitud es incontable y está formada por gente que viene de todas las naciones, tribus, pueblos y lenguas de la Tierra. Es decir, esta multitud no está definida por origen étnico, cultura o aun religión sino que es totalmente inclusiva. La pregunta es: ¿cuál es la relación entre esta multitud y los ciento cuarenta y cuatro mil de 7.4-8? Se ha notado que esta multitud no lleva un sello en sus frentes y que proviene de diversas partes del mundo. Existen varias opiniones sobre esta cuestión. Mencionaremos sólo dos: 1) son gentiles, mientras que los de 7.1-8 son judíos; 2) representan a todo el pueblo redimido, judíos y gentiles, adorando a Dios eternamente. Preferimos la segunda posibilidad. Pensamos que en 7.1-8 Juan oye el número de los sellados como viniendo de Israel; pero cuando mira, ve una multitud de todas las razas y naciones. De manera similar en 5.5-6 Juan esperaba ver un león pero ve un cordero. El simbolismo es judío, la visión es universal. Este pasaje nos brinda una visión totalizadora del pueblo de Dios ahora en el cielo. Este pueblo está formado por gentiles y judíos («de todas las naciones, tribus, pueblos y lenguas»). Dios ha elegido un pueblo basado en su fidelidad a Dios y al Cordero, sin interesarle de qué grupo étnico provienen.

Esta gran multitud está de pie delante del trono y del Cordero vestida con ropas blancas, sinónimo de fidelidad (3.4), y de victoria (3.5). También podría estar refiriéndose al bautismo. Estas personas tienen palmas en sus manos, al igual que la multitud que aclamara a Jesús cuando este entrara en Jerusalén (Jn 12.13) exclamando «Hosana», una expresión tomada del Salmo 118.25 y que significa sálvanos ahora. Pero mientras que aquí la salvación es ya un hecho consumado, la respuesta de una multitud redimida, en el Salmo, y aun en la entrada triunfal de Jesús, es el deseo de una multitud oprimida. La palabra salvación tiene aquí claras connotaciones políticas. Era el emperador romano quien recibía el nombre de *soter*, salvador, y quien era aclamado como tal. Los creyentes de Asia, a través de esta visión, entienden que solo Dios y el Cordero pueden salvar. Si Dios salva por medio del sacrificio del Cordero, y este sacrificio es compartido por los creyentes (v.14), entonces esta es una crítica absoluta al poder despótico del Imperio Romano, a la vez que nos dice algo sobre la naturaleza de la verdadera salvación. El que quiera salvar su vida la perderá, había dicho Jesús en Marcos 8.35, pero quien la pierda, la salvará.

La adoración de los redimidos se completa con la de los ancianos y de los cuatro seres vivientes quienes, como en el capítulo cuatro, se postran y adoran a Dios. (No se dice, en ambos pasajes, que adoren al Cordero. Aparentemente su función es adorar a Dios, quien ocupa el centro del trono.) La pregunta de uno de los ancianos, «¿quiénes son y de dónde han venido?» es retórica, pues, como el vidente afirma, ya lo sabía. Esta multitud representa a los mártires de la Tierra que han salido de la gran tribulación lavando sus ropas en la sangre del Cordero. Esto posiblemente indique que, al igual que el Cordero, fueron martirizados por su fidelidad a Dios. El blanqueo de sus ropas en la sangre no significa solamente apropiarse por fe del sacrificio de Jesucristo, sino más bien compartirlo, como Jesús ya lo había anunciado en el pasaje citado de Marcos 8.35.

Es interesante notar que aquí se describe el destino de las personas que se mantuvieron fieles a Dios y al Cordero en términos semejantes a la descripción del fin en el capítulo 21. Aquí, como allá, Dios enjuga las lágrimas de los santos y habita entre ellos. Se utiliza el mismo verbo, *skenoo*, que significa plantar una tienda o un tabernáculo. También en ambos contextos se nos habla del templo de Dios. Aquí se nos dice que los redimidos adorarán a Dios en su templo (v.15); pero en 21.22 se nos dice que en la nueva Jerusalén no hay templo: Dios y el Cordero son su templo. Se podría decir que ambos pasajes apuntan a lo mismo. En el capítulo 7 el vidente mira lo que podría describirse como la situación del pueblo de Dios en una eternidad con Dios y el Cordero, quienes cumplen la función de templo, es decir, la presencia inmediata (sin mediación) de Dios. En el capítulo 21 la descripción es más desarrollada pero el significado es el mismo. De manera que ya al fin de los seis sellos, y antes del séptimo, el ciclo de salvación se ha cumplido. Dios es el salvador y la multitud reunida alrededor de su trono lo alaba utilizando siete atributos: bendición, gloria, sabiduría, acción de gracias, honra, poder y fortaleza. Es una doxología que expresa en forma totalizadora la perfecta alabanza de los redimidos en gloria.

El texto para hoy

Este capítulo nos enseña varias cosas. Primero, que pertenecer al pueblo de Dios no libra a una persona de problemas. Es más, muchas veces los acentúa. Así como los 144,000 sellados compartirían la suerte de las almas de los martirizados debajo del altar, así también la persona que es fiel a Dios y su reino puede llegar a encontrarse en situaciones en donde su integridad física, emocional, o psicológica esté en juego. Contrariamente a lo que anuncian los predicadores del evangelio de la prosperidad, Dios espera de su pueblo una resistencia a aquellos valores que deshumanizan a la persona. Resistir estos valores significará muchas veces ir en contra de lo que la cultura popular de nuestros días sugiere, especialmente esa parte de la cultura que privilegia el desmedido éxito económico que se consigue a costa del sufrimiento y la explotación de los pobres de la Tierra. Esta tendencia a ver el mundo a través de los ojos del consumismo y del hedonismo nos nubla la visión de manera que no podamos ver la condición del prójimo. Con imágenes tomadas del libro de Isaías (25.8; 49.10), el capítulo siete del Apocalipsis termina con una nota de esperanza para aquellos que han sufrido injustamente: Dios, como madre tierna, enjugará las lágrimas de sus ojos, no tendrán ya hambre o sed y el Sol no los perturbara más. El Cordero los guiará a fuentes de agua viva, una metáfora de tranquilidad, saciedad y vida plena tomada de Isaías 49.10, pero con la diferencia que mientras que en Isaías es Yahvé el que conduce al pueblo a lugares de refrigerio, aquí quien lo hace es el Cordero.

En segundo lugar, el pueblo de Dios no se limita a un cierto grupo, a las personas que entienden a Dios de una misma manera, sino que está constituido por gente de todas las naciones, tribus, pueblos y lenguas. En la adoración celestial están representadas todas aquellas personas que, consciente o inconscientemente, vivieron sus vidas siguiendo al Cordero. Como Jesús lo dijera en Mateo 7.21, « No todo el que me dice ¡Señor, Señor! entrará en el reino de los cielos, sino el que hace la voluntad de mi Padre que está en los cielos». Dios tiene un pueblo de seguidores que no enarbolan la bandera del dogma como su característica fundamental, sino que aman a sus prójimos como a sí mismos y cumplen la ley de Dios aun sin saberlo. Este pasaje del Apocalipsis nos ayuda a rechazar todo tipo de dogmatismo y lucha entre denominaciones, y a entender que la salvación pertenece solamente a Dios, y no a ninguna institución que en su nombre pretenda ser garante de la misma. La iglesia, después de dos milenios de existencia, haría bien en aprender esta lección.

El séptimo sello y las primeras seis trompetas (8.1-9.21)

Capítulo 6

L a apertura del séptimo sello introduce un nuevo elemento en el drama apocalíptico. Este sello no agrega una nueva calamidad sobre la Tierra, como los seis anteriores, sino que introduce una pausa que anticipa lo que ha de venir a la vez que crea suspenso. La adoración celestial, masiva y ruidosa, es seguida aquí por media hora de silencio, lo cual significa un corto periodo de tiempo. El suspenso es prolongado por la descripción en los vv. 2-6 de los preparativos para el toque de las trompetas.

Visión preparatoria (8.1-6)

La descripción de este momento preparatorio es sugerente. El ángel con el incensario de oro recibe mucho incienso para añadirlo a las oraciones de los santos. Aunque en 5.8 el incienso se identifica con las oraciones de los santos, aquí pareciera más bien que está asociado con ellas. Eso sí, es Dios quien le da el incienso al ángel, de acuerdo al uso del verbo en pasivo (le fue dado). De manera que Dios mismo parece unirse a la súplica de los santos o por los santos y esto en vista quizás del momento que se avecina sobre la Tierra. El pueblo fiel va a sufrir; pero Dios lo sabe, pues las oraciones han llegado hasta su presencia. Este pueblo no tendría quizás acceso a la sala del trono imperial en Roma, pero sus oraciones tenían acceso al mismo trono de Dios en el cielo. Esta convicción ayudaría a los fieles a enfrentar las adversidades y aun el martirio.

La próxima actividad es también sugerente. El ángel recoge fuego del altar en el mismo incensario que había contenido las oraciones de los santos y arroja el fuego sobre la Tierra —lo que posiblemente sea una referencia a la ira de Dios derramada sobre el mundo en respuesta a las oraciones de los santos. Hasta aquí Juan ha presenciado la acción desarrollándose en el cielo. Pero ahora, cuando el ángel arroja el fuego, la acción cambia y va a desarrollarse en la Tierra.

Las seis primeras trompetas (8.7-9.21)

Luego de esta visión previa, viene el toque de las seis primeras trompetas seguido por un interludio en 10.1-11.14, luego del cual se tocará la séptima trompeta. Sirviendo de *inclusio* (inclusión, paréntesis, aprieta libros) entre la primera y la séptima trompeta, encontramos en 8.5 una referencia a «truenos, voces, relámpagos y un terremoto» y en 11.19, una expresión similar: «relámpagos, voces, truenos, un terremoto y granizo grande». Las frases son idénticas con la excepción del granizo, que no aparece en 8.5. Veremos la importancia de esta técnica retórica a medida que describimos el texto, pero podemos anticipar un comentario. El *inclusio* tiene como función principal aislar un material que debe entonces entenderse como una totalidad (véase también 4.5 y 16.18).

Las trompetas se utilizaban en el Antiguo Testamento para anunciar la presencia de Dios en el culto y en los festivales religiosos. También podían señalar la presencia de Dios al final de los tiempos. Éxodo 19.16-19; 20.18 y Levítico 23.24; 25.9 son ejemplos de la presencia de Yahvé en el culto. Isaías 18.3; 27.13 y Joel 2.1 son instancias de una presencia escatológica de Dios, que viene para juzgar a su pueblo y a las naciones. En el Nuevo Testamento encontramos trompetas en conexión con la parusía (segunda venida) de Jesucristo (Mt 24.31; 1 Co 15.32; 1 Ts 4.16). Aquí en el Apocalipsis las trompetas anticipan las calamidades que se desatarán sobre la Tierra, de manera que su sentido es claramente escatológico. Estas atrocidades nos recuerdan las plagas de Egipto narradas en el libro de Éxodo, pero no son idénticas. El simbolismo sugiere que Dios se ha acordado de su pueblo en cautiverio y viene a rescatarlo y a castigar a sus opresores. Cuando en los capítulos

17 y 18 Roma se compara con Babilonia el simbolismo se completa: Roma, al igual que Egipto y Babilonia, se ha enriquecido por medio de un sistema de esclavitud y opresión y por lo tanto recibirá de parte de Dios su merecido castigo.

El toque de la primera trompeta desata sobre la tierra granizo y fuego mezclados con sangre (véase Ex 9.23-25; Ez 38.22), los cuales destruyen la tercera parte de los árboles y de la hierba verde. Este porcentaje no tiene ningún valor simbólico más allá de significar una gran porción de la vegetación y de la hierba (Ez 5.2, 12).

Con la segunda trompeta un tercio de la vida marítima y de las naves es destruida como consecuencia de que «algo como un gran monte ardiendo en fuego fue precipitado en el mar». Este evento, quizás inspirado por la erupción del monte Vesubio en el año 79 d. C., hace que el mar se convierta en sangre (Ex 7.19-21) y causa la mortandad de una gran cantidad de los peces que viven en él.

La tercera trompeta suena y ahora una tercera parte de los ríos y las fuentes de agua de la Tierra es afectada porque «una gran estrella ardiendo como una antorcha» cae sobre la Tierra. La descripción se asemeja a la caída de un meteorito de proporciones gigantescas, similar al que se cree cayó en la zona de Yucatán, México, destruyendo a los dinosaurios hace millones de años. Pero la caída de la estrella, cuyo nombre es Ajenjo (Jer 9.15; 23.15), produce el envenenamiento de un tercio de todas las aguas potables de la Tierra y mucha gente, al beberla, muere. El efecto de la caída de la estrella es planetario, no local, de ahí que todas estas descripciones deben entenderse simbólica y no astronómicamente.

Con la cuarta trompeta las señales catastróficas afectan la tercera parte del Sol, de la Luna y de las estrellas. El propósito es oscurecer el mundo, de ahí que se ataquen sus fuentes de luz natural. Nos recuerda a la plaga de tinieblas en Éxodo 10.21-23, cuando Yahvé le ordena a Moisés extender su mano hacia el cielo y crear tinieblas sobre la tierra de Egipto por tres días.

Cuando examinamos atentamente los acontecimientos sucedidos con el toque de las primeras cuatro trompetas nos damos cuenta que toda la creación —la tierra, el cielo y el mar— ha sido afectada. ¿Qué más puede suceder ahora? El v.13 trae nuevamente un elemento de anticipación y suspenso. El vidente ve un ángel (un águila en la mayoría de los manuscritos más importantes) que se lamenta tres veces, con tres «ayes», por la suerte de la gente sobre la Tierra. Los tres ayes corresponden a las tres trompetas que aún falta tocar y la descripción de estos sucesos será ahora mucho más detallada, y mucho más terrible, que la de las cuatro primeras trompetas. Luego de la sexta trompeta habrá un segundo interludio (el primero fue en 7.1-17), luego del cual se tocará la séptima trompeta y se completará la *inclusio* de que habláramos antes (ver 8.5 y 11.19).

Pero vayamos por partes. Con el toque de la quinta trompeta una estrella cae a la Tierra y se le da la llave del pozo del abismo. ¿Quién es esta estrella? Se cree que podría ser un ángel, semejante al que aparece en 20.1 con la llave del abismo. Este dato los une a los dos. El de aquí viene a abrir el abismo y a liberar las fuerzas satánicas de la destrucción. El del 20.1 viene para atar al Diablo. Dos acciones totalmente diferentes pero quizás permitidas u ordenadas por el mismo Dios, ya que la llave le es dada al primer ángel (o estrella) y asumimos que también al segundo en 20.1. El abismo tiene varios significados. Originalmente era el lugar en donde Dios encerrara las aguas del caos original (Sal 33.7) y donde se pensaba que vivían las grandes criaturas marinas como el Leviatán, que era un monstruo mítico al cual Dios había vencido al principio de la creación (Sal 74.14; Is 27.1). De ahí entonces que se llegara a pensar que el abismo era el lugar del Diablo y los demonios (véase 20.1-3; Ro 10.7; 1 P 3.19-20). Al abrir el pozo del abismo sale humo que oscurece el Sol y el aire, y del humo sale una manga de langostas. Pero, contrariamente a lo que se esperaría, estas langostas no vienen para destruir la vegetación (Ex 10.12-19), sino a afligir solamente a aquellas personas que no estuvieran selladas en sus frentes con el sello de Dios (7.3). Esta aflicción es una verdadera tortura, ya que no es lo suficientemente fuerte como para matar a la persona y sin embargo es tan horrible que la gente, condenada a sufrir a perpetuidad, ansiará la muerte sin lograrla. El tormento, se nos dice, durará cinco meses, que es el tiempo que vive una langosta.

El profeta Joel habla de una plaga de langostas y la describe como si fuera un ejército invasor utilizando imágenes similares a las de Apocalipsis 9.3-11 (Jl 1.6-2.11). Pero la plaga de este pasaje es mucho más terrible que la de Joel. Para empezar, viene del abismo, el lugar de los demonios. Es un ejército de gran poder, pues se describe como caballos preparados para la guerra. Tienen también un aspecto humano, inteligente, pues se nos dice que sus caras son semejantes a las de un ser humano y que tienen cabellos como de mujer. Los dientes de leones nos hablan de su poder destructivo y sus corazas de hierro, junto con el ruido de sus alas, nos sugieren un poder demoledor. Este ejército maléfico es imparable y con sus colas, como si fueran escorpiones, pican a las personas durante todo el tiempo que dura su corta existencia de cinco meses. Su poder es destructor y no podría ser menos, ya que su rey lleva por nombre «el destructor». Este es el significado de la palabra hebrea Abadón, que es otro nombre para el Hades, el lugar de los muertos (Job 26.6; Sal 88.11; Pr 15.11). Apolión, que significa lo mismo en griego, podría estar conectado con el nombre del dios Apolos. Se sabe que Domiciano creía ser la encarnación de Apolo. Si es así, entonces Juan está describiendo aquí al emperador romano como el líder de un ejército demoníaco y destructor. A pesar de que Domiciano pretendía ser adorado como el salvador y pacificador del mundo, Juan afirma, en lenguaje codificado que solo su audiencia puede entender, que el emperador es en realidad el rey de un ejército de demonios y que su misión es atormentar y destruir.

A la descripción del ejército del abismo sigue otro momento de suspenso. El autor nos informa en el v.12 que el primer ay ha pasado, pero que todavía quedan dos más. En vista de lo terrible del primer ay la audiencia se pregunta cuánto más terribles pueden realmente ser los otros dos. Pero esto es solo el preludio de lo que vendrá. Es necesario seguir leyendo. O escuchando.

Cuando se toca la sexta trompeta se oye una voz que sale de entre los cuatro cuernos del altar de oro que está delante del trono de Dios (6.9; 8.3). Un altar semejante se describe en Éxodo 30.1-10. Aquí la voz que proviene del altar podría ser la voz de los mártires cuya sangre fuera vertida a causa del testimonio de Jesucristo (6.10). La voz ordena al ángel que toque la trompeta y que desate a los cuatro ángeles que estaban atados junto al río Éufrates. Al hacerlo, un ejército de millones de caballos y jinetes se precipita sobre el mundo con la misión de aniquilar a la tercera parte de sus habitantes. El hecho de que este ejército proviniera del este, del río Éufrates, es importante, ya que los enemigos tradicionales de Israel, Babilonia y Asiria, así como también los enemigos de los romanos, los partos, venían de esa zona.

Justamente, el aspecto de los jinetes es semejante al de los jinetes partos, cuyos caballos también llevaban corazas de colores. En la traducción de la RVR el v.17 dice: «que tenían corazas de fuego, zafiro y azufre». Pero preferimos la traducción de la NVI que propone: «Tenían corazas de color rojo encendido, azul violeta y amarillo como azufre».

No se nos dice nada acerca de los jinetes, pero sí de los caballos. Tenían cabezas de leones y de sus bocas salía fuego, humo y azufre. Esta descripción es semejante a la del Leviatán en el capítulo 41 del libro de Job. Pero además estos caballos tenían colas semejantes a serpientes, con cabezas que dañaban a la gente. En el Apocalipsis, así como en el Génesis, la serpiente es un símbolo diabólico (12.3, 9; 13.4). Aquí se utiliza el símbolo para sugerir que este ejército tiene un origen satánico. No obstante, su acción ha sido planeada cuidadosamente, ya que en el v. 15 se dice que los ángeles que fueron desatados estaban preparados de antemano para comenzar su tarea destructiva a una cierta hora, día, mes y año. Para el autor y su audiencia aun la destrucción que este ejercito satánico acarrea sobre la humanidad ha sido prevista, y hasta planeada, por Dios.

Un tercio de la población del mundo muere a causa de las plagas traídas por esta caballería infernal. Aun así, el resto de la población no parece entender que este castigo les ha sobrevenido por causa de sus prácticas idolátricas. Nos dice el texto que no se arrepintieron de su adoración a los ídolos, detrás de los cuales se creía existían demonios, ni tampoco se arrepintieron del tipo de vida producido por la idolatría: homicidios, hechicerías, fornicación, robos. Según Juan, la adoración de los ídolos produce un tipo de vida inmoral. Es la misma idea que expresa Pablo en Romanos 1 y 2. Los judíos creían que la idolatría era el pecado por excelencia de los gentiles, que los conducía a prácticas inmorales. Este pasaje es similar al de Daniel 5.23, donde Daniel interpela al rey Belsasar acusándolo de adorar ídolos a pesar de que su padre, Nabucodonosor, había reconocido el dominio del Altísimo sobre el reino de los hombres. Belsasar se empecinó en adorar a los «dioses de plata y oro, de bronce, de hierro, de madera y de piedra» y en vivir en forma disipada y licenciosa y por eso el profeta Daniel le anuncia que Dios iba a darles su reino a otros. El autor aquí parece estar haciendo una relectura de este pasaje; está acusando a la gente que adora al emperador y a sus dioses de la misma idolatría y de la misma conducta inmoral evidenciada por Belsasar y su corte. Es el pecado de la *hubris*, la arrogancia del tirano que no importándole que hay un Dios por encima de él oprime al pueblo y vive desenfrenadamente. Estas personas, viendo la matanza producida por el ejército satánico, todavía insisten en seguir viviendo impíamente. Juan se sorprende de que aun así no se arrepintieran de sus obras y persistieran en obrar mal. Así termina este capítulo, en una nota de gran sorpresa ante la impiedad descarada manifestada por quienes no tenían en su frente el sello de Dios (9.4, 20).

El texto para hoy

El mensaje de estos dos capítulos para la audiencia original es que Dios se acuerda del sufrimiento del pueblo fiel y sale en su defensa, castigando a sus opresores por medio de calamidades y del ataque de un ejército satánico salido del abismo. Aun así, la gente que no lleva el sello de Dios en sus frentes no se arrepiente de sus malas obras y continúa actuando de manera depravada sin querer reconocer el momento que están viviendo ni al Dios que está detrás de esos eventos. Debemos recordar que los destinatarios del Apocalipsis eran pequeñas comunidades cristianas en el Asia Menor durante el tiempo de Domiciano. Las cartas a las siete iglesias en los capítulos 2-3 nos hablan de una situación en la cual la decisión de no participar en el culto al emperador podía llegar a costarles la vida a muchas personas. Además estaban las presiones de la cultura griega para que los cristianos participaran en las actividades cívicas que demandaban la aceptación de prácticas paganas, así como las demandas de las sinagogas judías de que estos cristianos abandonaran su creencia en Jesús como el Mesías. Todo esto hacía que estas personas se sintieran alienadas, perseguidas y objeto de la burla de sus contemporáneos. La presión que experimentaban era política, social, cultural y religiosa. Juan les escribe entonces para animarlas y consolarlas, pero también para desafiarlas a permanecer fieles al resucitado.

Si tomamos este pasaje, y todo el libro del Apocalipsis, como si nosotros fuéramos los destinatarios originales del mensaje seguramente caeremos en el error de sentirnos el pueblo escogido a quien Dios va pronto a vindicar. Lo cierto es que no somos los destinatarios originales y nuestra situación, aunque quizás semejante en algunos aspectos, es bien diferente de la situación de aquel grupo de creyentes de fines del primer siglo en el Asia Menor. Este escrito se sitúa en el contexto de una determinada época histórica, la cual determina su contenido. Hoy no podríamos hablar de ejércitos satánicos que son liberados del infierno para arrasar a la gente impía, a la cual definimos como todos los que nos persiguen y hacen daño. Si hiciéramos esto nos convertiríamos en una secta religiosa esquizofrénica y con un gran complejo de persecución. ¿Cuál es entonces el valor de este pasaje para hoy? Este pasaje, y el resto del libro, es un ejemplo de la imaginación inspirada de un grupo de creyentes que, al sentirse asfixiados por el poder absoluto del Imperio Romano, recurrieron a unas ciertas tradiciones proféticas y apocalípticas que les proporcionaron las herramientas simbólicas y teológicas necesarias para explicarse a sí mismos y explicar a los demás por qué Dios estaba permitiendo tanta injusticia. Nosotros, en lugar de repetir literalmente sus conclusiones, deberíamos embarcarnos en un tipo similar de tarea teológica y hermenéutica (interpretativa).

Sugerimos dos enseñanzas importantes del texto: la justicia de Dios y el carácter de la humanidad desde siempre. En cuanto a la justicia y el juicio de Dios, este texto sugiere que Dios no es ajeno a la opresión que la mayor parte del mundo experimenta por parte de una minoría poderosa. Siempre ha habido opresión en el mundo, y la persona de fe debe creer que a Dios esto le concierne. Jesús expresó claramente una opción preferencial por el oprimido y de esta manera nos mostró cómo actúa Dios. Porque creemos en la justicia de Dios esperamos un mundo de equidad, y por eso mismo lo comenzamos a vislumbrar en el presente con nuestras acciones y nuestro estilo de vida. Pero en lugar de regocijarnos desmedidamente en el juicio de Dios, lo proclamamos con temor y temblor diciendo que porque existe un Dios de justicia estamos dispuestos a resistir el mal aun a costa de nuestras propias vidas.

En cuanto al carácter de la humanidad notamos que el ansia de poder ha sido siempre una de las principales motivaciones del ser humano. Para conseguir este poder muchas personas hacen lo que sea necesario sin importarles cómo esto pueda afectar a los demás, inclusive sus propias familias y amistades. Su corazón se endurece, su conciencia se adormece, porque el dios del poder les exige devoción total. En ese sentido se parecen mucho a la gente descrita en este pasaje. El poder intoxica, las riquezas endurecen el corazón, el éxito entrona al ego en el centro de la vida. De la misma manera que el autor se sorprende ante tanta necedad, nosotros, como lectoras y lectores contemporáneos, entendemos el mensaje, nos damos cuenta de la seducción del poder en nuestras propias vidas. Por eso oramos fervientemente a Dios diciendo: «No nos dejes caer en la tentación, mas líbranos del mal».

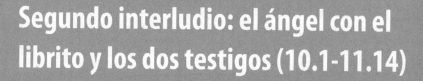

Segundo interludio: el ángel con el librito y los dos testigos (10.1-11.14)

Capítulo 7

Al igual que al final del sexto sello y antes del séptimo, se produce un interludio que va a prolongar el suspenso al detener la acción que el vidente ve desarrollándose en la Tierra, para pasar a una predicción de lo que sucederá luego del toque de la séptima trompeta. Este toque es crucial, pues es allí donde se consuma el plan de Dios para la historia (10.7). Este interludio consta básicamente de tres partes: el ángel con el librito (10.1-11), la medición del templo (11.1-2) y el ministerio profético de los dos testigos (11.3-14).

El ángel con el librito (10.1-11)

El ángel que se describe en el v.1 es fuerte, como el del 5.2 (la palabra griega es la misma), que también está relacionado con un libro. Lo único que aquí el libro es un librito y no está cerrado sino abierto. El ángel lo tiene en su mano y, como veremos, se lo ofrecerá al vidente, el cual lo tomará. Pero primero veamos qué nos dice el texto sobre este ángel.

- Desciende del cielo envuelto en una nube. Cristo también desciende del cielo en una nube (1.7; 14.14; Mc 13.26; 1 Ts 4.17)
- El arco iris está sobre su cabeza. Nos hace recordar al mismo arco iris que en 4.3 se encuentra alrededor del trono de Dios.
- Su rostro es como el Sol. En 1.16 el Cristo resucitado tiene una apariencia como la del Sol cuando brilla fuertemente. En Mateo17.2 se dice lo mismo del Jesús transfigurado.

- Sus pies son como columnas de fuego. Así también el Cristo de la visión del capítulo uno tiene pies como el bronce pulido, en referencia a su brillo (1.15).
- Está parado sobre la tierra y el mar y levanta su mano hacia el cielo (vv. 2, 5). Su posición física indica la totalidad del cosmos: cielo, tierra y mar.
- Su clamor es como el de un león. Recordamos que el Cordero que aparece en 5.5 es descrito como el León de la tribu de Judá. También que en Amós 3.8, cuando Yahvé habla, se lo compara con el rugido de un león.
- Como respuesta al clamor del ángel siete truenos emiten su voz. El trueno es un símbolo para describir la presencia de Dios (4.5; 8.5; Ex 19.16) y también el juicio de Dios (11.19; 16.18).

Todo pareciera indicar que este ángel fuerte es un enviado especial que habla en nombre de Dios y del Cordero y que su autoridad emana del mismo trono de Dios. Prueba de esto es que cuando clama a gran voz siete truenos le contestan. El vidente parece entender lo que dicen los truenos pues se dispone a escribirlo, siguiendo el mandato de 1.11. Pero esta vez, una voz del cielo le ordena no hacerlo. ¿Cuál habrá sido este mensaje de los siete truenos que venía de la misma presencia de Dios? El vidente lo sabe, pero al no escribirlo lo ignoramos. Más adelante se nos dice que cuando el séptimo ángel toque su trompeta el misterio de Dios se consumará de acuerdo a lo que Dios anunciara a sus siervos (esclavos en el griego) los profetas. ¿Será este el mensaje de los siete truenos, que solamente Juan el profeta conoce?

El suspenso continúa. El momento culminante de todo el libro se aproxima. Ahora el ángel levanta su mano al cielo en señal de juramento y jura por el Dios que vive eternamente y que creó todo lo que existe que ya no habrá más tiempo (en griego se utiliza la palabra *cronos*, que se refiere a duración de tiempo). La traducción de la RVR es demasiado literal: «que el tiempo no sería más». Esto no significa que se acabaría el tiempo histórico y comenzaría la eternidad de Dios, sino más bien que había llegado el tiempo de la retribución, aquello por lo cual clamaban las almas de los mártires debajo del altar (6.10). La NVI traduce: «¡El tiempo ha terminado!», y la BJ propone: «¡Ya no habrá dilación!». El juramento asegura la veracidad de lo que está a punto de suceder, y posiblemente se base en Daniel 12.6-7.

En este pasaje Juan recibe un llamado al ministerio profético de manera similar a la de otros profetas del pasado, tales como Ezequiel y Jeremías (véase Ez 2.1-3.3; Jer 1.9-10). El vidente escucha nuevamente la voz del cielo la cual, entendemos, es la voz que viene del trono de Dios. Le ordena que tome el librito de la mano del ángel. Pero Juan, en lugar de tomarlo, se lo pide. El ángel, sin embargo, se lo hace tomar. La iniciativa debe ser de Juan. Al hacerlo, el ángel le entrega el libro y le ordena comérselo, advirtiéndole que le amargará el vientre a pesar de ser dulce como la miel. En Ezequiel 2.8-3.3 el profeta recibe también la orden de comerse un rollo escrito por fuera y por dentro con «cantos fúnebres, gemidos y ayes». Ezequiel come el rollo y su sabor es también dulce como la miel, pero no le amarga el estómago. Aquí sí. El contenido del librito es el mensaje que Juan debe anunciar, el cual, por ser un mensaje de catástrofe y de juicio, le amarga las entrañas. Pero Juan debe profetizar otra vez. Su ministerio no ha terminado aún. Al igual que los profetas del pasado (v.7) y del futuro (11.3-12), Juan tiene una tarea profética que cumplir la cual le traerá amargura y peligros ya que el contenido de su mensaje afectará aun a los líderes del imperio (v. 11, «reyes»). Pero esta tarea le es impuesta como necesidad divina, como lo expresa la partícula griega *dei* traducida como «es necesario» (v.11). Siempre que aparece esta palabra el significado es que Dios así lo desea, que es una necesidad divina.

La medición del templo (11.1-2)

El capítulo 11 comienza y termina con una referencia al templo de Dios (11.1, 19). Entre ambas, tenemos dos incidentes: a) el ministerio profético de los dos testigos (11.3-13) y b) el toque de la séptima trompeta (11.14-18), con lo cual termina el segundo interludio. Pero primero Juan debe medir el templo.

La referencia a la medición del templo se basa en Ezequiel 40-43 (véase también Zac 2.1-2), en donde el profeta ve a un hombre midiendo el templo de Jerusalén. En general el acto de medir un edificio o una ciudad es un símbolo para referirse a su preservación o a su destrucción. En Ezequiel 40-43 el propósito de la medición es servir de plano para el segundo templo, el cual fuera reedificado bajo el liderazgo de Nehemías y Esdras. En Zacarías 2.1-2, se refiere a la protección divina sobre Jerusalén. Sin embargo, en Isaías 34.11 y Lamentaciones 2.8 medir tiene una connotación de destrucción y juicio. Aquí pareciera que el propósito es preservar el templo y a los que adoran en él de la destrucción que se avecina. Pero sabemos que para el tiempo en que Juan escribe, el templo ya había sido destruido por los romanos. De manera que no puede estar refiriéndose al templo físico, sino más bien a un grupo de personas en Israel que se habían mantenido fieles a Yahvé. Nótese que el patio que está fuera del templo, llamado patio de los gentiles, no es medido. Esto podría significar que sólo una parte de Israel sería protegida de lo que aquí se describe en términos militares como una invasión de un ejército enemigo que iba a pisotear la ciudad santa. Creemos que este es un símbolo para hablar de la presión y la agresividad de la cultura grecorromana sobre el pueblo fiel. Algo similar sucede en el capítulo 7, el primer interludio, donde sólo un cierto número de cada tribu de Israel es sellado, indicando así su fidelidad a Dios. Tanto el acto de sellar como el acto de medir indican protección divina. Aquí también estas personas medidas representan simbólicamente a la totalidad del remanente fiel dentro de Israel. Juan podría estar refiriéndose a aquellas comunidades judeocristianas que huyeron de Jerusalén al ocurrir la destrucción del año 70 d. C. Como por el tiempo en que se escribió el Apocalipsis no existía aún una distinción muy marcada entre judíos y cristianos, Juan posiblemente esté pensando aquí en creyentes de origen israelita.

Los dos testigos (11.3-14)

El hostigamiento del pueblo fiel dura cuarenta y dos meses (v. 2). Esto es lo mismo que mil doscientos sesenta días (v. 3), lo cual equivale a tres años y medio, la mitad de siete, y por lo tanto un número que significa menos que final, es decir, que ha de pasar. Durante todo este tiempo, dos testigos profetizan «vestidos con ropas ásperas», o como dice la NVI, «vestidos de luto». ¿Quiénes son estos dos testigos? El texto nos da una pauta: «son los dos olivos y los dos candelabros que están de pie delante del Dios de la Tierra». En Zacarías 4.1-11 se habla de un candelabro y dos olivos, los cuales en ese contexto se refieren a los dos ungidos de Dios, uno de origen sacerdotal y el otro de origen real. Pero el texto del Apocalipsis nos dice algo más sobre estos dos testigos. En el v. 6 se los relaciona claramente con Elías y Moisés. Ambos fueron profetas en Israel. Uno, Elías, se caracterizó por denunciar el poder absoluto y represor de Acab y Jezabel (1 R 16.29-33). El otro, Moisés, fue un líder político de gran significación, pues sacó al pueblo del cautiverio egipcio. Esta misma combinación de las esferas políticas y proféticas la encontramos en el contexto del libro de Zacarías, donde los dos olivos señalan a Zorobabel, el líder político, y a Josué, el líder religioso.

Aquí en Apocalipsis, la imagen se refiere posiblemente a la iglesia, aunque hay quienes piensan que un olivo representa a Israel y el otro a la iglesia. Nótese que en 1.12-13, 20 y 2.1 el candelabro se utiliza como símbolo de las siete iglesias del Asia menor. También Pablo, en Romanos 11, utiliza la imagen del buen olivo y del olivo salvaje para decir que el pueblo de Dios está compuesto por judíos y gentiles. Si es así, el mensaje es claro. Durante todo el corto tiempo que dure el hostigamiento cultural y religioso del Imperio Romano, la iglesia, constituida por el remanente fiel de Israel y por los gentiles que creyeron en Jesús, ejercerá un ministerio profético que tendrá implicaciones políticas. Su acción será de resistencia activa con manifestaciones de poder. La iglesia no está indefensa ante el poder absoluto del imperio, sino que tiene la capacidad de realizar portentos y ser instrumento de las plagas divinas. Como dice Pablo Richard, no hay en el Apocalipsis ni pasividad ni fatalismo.

Como consecuencia del testimonio profético de los dos testigos (la iglesia), la bestia que sube del abismo (9.11; 13.2; 17.8; Dn 7.3) les hará la guerra y los matará. Sus cadáveres serán dejados sin sepultar para el regocijo de los habitantes del mundo, que celebrarán sus muertes enviándose regalos mutuamente. Sin embargo, al cabo de tres días y medio, que significa un corto tiempo, Dios los volverá a la vida y los llamará a su presencia, a donde subirán en una nube ante la mirada perpleja de sus enemigos.

Hay varios paralelismos en este pasaje entre el ministerio de Jesús y el de los dos testigos. Tanto ellos como Jesús:

• son llamados testigos (1.5; 11.3),
• son comparados con Elías y Moisés (11.6; Mc 8.28; Mt 5.17-48),

- sus ministerios proféticos son considerados como tormento (11.10; Mc 1.24; 5.7),
- tienen poder para obrar milagros (11.6; véanse los Evangelios),
- son asesinados por el poder imperial (11.7; véanse los Evangelios),
- sus ejecuciones son actos públicos en Jerusalén (11.8; véanse los Evangelios),
- resucitan después de tres días (11.11; véanse los Evangelios) y
- suben al cielo en una nube mientras otros contemplan la escena (11.12; Hch 1.9-10).

El mensaje es claro: la iglesia está llamada a continuar el ministerio profético de Jesús y, por eso, ha de correr la misma suerte que su Señor: persecución, martirio, resurrección y glorificación. Para la audiencia de Juan, esta afirmación les anima a seguir con su testimonio cristiano en medio de los conflictos que están atravesando, pues ahora saben que su sufrimiento no será para siempre ni será en vano, y que pronto Dios vendrá a rescatarles para llevarles a su reino celestial.

En 11.13 se describe un gran terremoto. Es interesante ver que en 6.12, cuando se abre el sexto sello, hay también un terremoto. En el capítulo 11 estamos todavía en la sexta trompeta y nuevamente se produce un terremoto. Mientras que en el capítulo 6 no se mencionan víctimas del cataclismo, aquí sí. Siete mil personas que habitaban la décima parte de la ciudad mueren a consecuencia del terremoto. Debemos resaltar que aquí se hace énfasis en lo reducido que es este número, una décima parte de la ciudad solamente. Y «ciudad» debe entenderse en un sentido más general: no la ciudad de Jerusalén, sino todo el Imperio Romano. Al igual que en el capítulo 6, aquí también los habitantes de la Tierra se llenan de temor, pero en lugar de desear la muerte como en 6.16-17, aquí glorifican al Dios del cielo. En el Apocalipsis, al igual que en Daniel 4.34, dar gloria a Dios es sinónimo de arrepentimiento (14.7; 15.3-4; 16.9). Por eso creemos que este pasaje anticipa con esperanza el arrepentimiento de gran parte de los habitantes de la Tierra («los demás» en el v. 13 constituyen la mayoría, el 90%) como preludio al día del juicio de Dios. De paso, Pablo sostenía una creencia similar (véase Ro 11.25-26). A pesar de que las comunidades del Asia Menor estaban sufriendo el hostigamiento de la sociedad grecorromana, el mensaje de

Juan es todavía positivo. Es un mensaje de buenas noticias (14.6-7) que, aunque le amarga las entrañas, está preñado de esperanza.

Podemos decir entonces que en este segundo interludio de los capítulos 10 y 11, encontramos a la comunidad cristiana ejerciendo un ministerio profético en el mundo, lo cual le acarrea la oposición de la sociedad y de los poderes que la gobiernan. Juan es parte de una comunidad profética, y su llamado a profetizar debe entenderse como el llamado a toda la comunidad. Juntos siguen las huellas de Jesús, el testigo fiel, y por eso mismo les aguarda la misma suerte.

El texto para hoy

La tarea de proclamar el evangelio es una tarea profética. Entendemos por esto no necesariamente anunciar el futuro, sino anunciar el mensaje de Dios para el presente y confrontar a la gente, y a nosotros mismos, con las demandas éticas de Dios. La iglesia hace esto siguiendo el ejemplo supremo de Jesús, el profeta de Nazaret, que pagó con su vida el denunciar las injusticias de su tiempo. La misión de la iglesia es cristocéntrica porque toma a Jesús como modelo, como inspiración y como fuente de poder, pues entendemos que su resurrección de entre los muertos garantiza la victoria final del bien sobre el mal.

Al igual que a Juan se nos impone una necesidad: la de profetizar otra vez. La iglesia no tiene otra misión que ésta, y cuando se olvida de ello y se adapta a la sociedad en que vive, beneficiándose de la misma, pierde su razón de ser. La iglesia no existe sino para recordarle al mundo que no hay mayor valor que el de la vida en todos sus aspectos —físico, psicológico, espiritual— y que es la responsabilidad de todo ser humano preservarla y defenderla a toda costa. Pero la iglesia no hace afirmaciones generales, no predica una filosofía «nueva era», ni nada de eso. La iglesia predica a Cristo como el modelo del nuevo ser humano, de lo que Dios quiere para la humanidad. Al tratar de vivir como Jesús vivió, la iglesia se va a encontrar muchas veces en las mismas dificultades en que él se encontró. Las iglesias que recibieron el mensaje del Apocalipsis sabían cuál era el resultado: persecución por parte de las autoridades de la sociedad grecorromana, coerción a asumir las prácticas paganas del imperio —entre ellas el culto al emperador— y marginación por parte de un sistema social del que una vez fueron parte (sinagogas, templos griegos, asociaciones, etc.). En los capítulos 2 y 3, Juan les escribe a las iglesias en forma bien directa y las insta en el nombre del resucitado a permanecer fieles al mensaje del evangelio, sabiendo que muy pronto Dios vendría a establecer su reino y a rescatarles de su situación.

Este es un poderoso mensaje que llama a la iglesia a participar activamente en la sociedad al saber cuáles son las expectativas de Dios y cuál es el futuro de la historia. Sin embargo, las interpretaciones literales y exclusivistas del Apocalipsis han hecho que la gente se aparte de su misión en la sociedad y se recluya en guetos religiosos en donde prima la teología de pueblo escogido y la teología del desastre. De acuerdo a la primera, Dios tiene un remanente fiel que será raptado, o sea, llevado al cielo antes de la gran tribulación. De acuerdo a la segunda, Dios va a destruir este mundo y crear uno nuevo. Ninguna de estas dos teologías tiene respaldo en el texto del Apocalipsis. La visión profética de Juan incluye a las naciones como parte del pueblo redimido. Y no hay destrucción del mundo por parte de Dios, sino más bien transformación: un cielo y una tierra renovados. Esta renovación es necesaria debido a que la Tierra ha sido destruida por los seres humanos (11.18). Dios recrea el mundo y reestablece la Tierra a su armonía ecológica original.

La séptima trompeta (11.15-19)

Capítulo 8

En 8.13 se relacionan los tres ayes con los tres últimos toques de trompeta. Al finalizar la descripción del segundo ay en 11.14 se anuncia que el tercero viene pronto. La lectora o lector espera que esto suceda en conexión con la séptima trompeta. En realidad comienza a suceder en 12.12, cuando el Diablo es arrojado a la Tierra y, sabiendo que tiene los días contados, se dispone a perseguir a los fieles. Pero esto lo veremos en la próxima sección.

En 11.15-19 tenemos otra adoración celestial semejante a la de los capítulos 4 y 5, con la diferencia de que lo que allá se anticipa ya se ha cumplido aquí. Por ejemplo, en 5.11 el Cordero es digno de tomar el poder. Pero aquí ya lo ha tomado (11.17). Los reinos del mundo ya pertenecen a Dios y a su Cristo (11.15). En 4.8 Dios es descrito como el que era, es y ha de venir. Aquí, sin embargo, se dice que Dios es y que era, pero no que ha de venir, pues esto ya ha sucedido en la narración. (La RVR agrega en el versículo 17: «que has de venir», lo cual no aparece en muchos de los manuscritos más fidedignos).

Lo que tenemos acá, justo en la mitad del libro, es una visión del triunfo final de Dios y del Cordero. Muchas cosas faltan aún por suceder, pero el vidente y su audiencia saben cómo termina la historia: con el juicio de los impíos, los que destruyen la Tierra según 11.18, y con la recompensa de los fieles. El capítulo concluye con la apertura en el cielo del templo de Dios, dentro del cual se deja ver el arca del pacto. Ambas cosas habían desaparecido de laTierra: el templo destruido en el año 70 y el arca perdida o escondida en algún lugar desconocido. Pero el verdadero templo y la verdadera arca, los modelos originales como se creía en ese entonces, estaban en el cielo y aparecen en el momento de la victoria final de Dios, como para asegurarles a los fieles su presencia eterna en medio del pueblo. La teofanía, o sea, la manifestación de la presencia de Dios, es marcada por una serie de eventos sorprendentes que al cerrar el ciclo de la séptima trompeta forma un *inclusio* con 8.5, como lo dijéramos antes.

El texto para hoy

La enseñanza del texto para hoy es bastante clara. El triunfo final es de Dios. Los que destruyen la Tierra serán destruidos y los fieles serán recompensados. Dios no va a permitir que su creación sea destruida. Por eso viene el juicio sobre los que han abusado de ella y han oprimido a sus semejantes. Ambas cosas van juntas por lo general. El abuso de los recursos naturales va de la mano de la opresión de los seres humanos que se ven afectados. La cosmovisión bíblica podría resumirse con la frase: *Al final Dios*. Esta certeza debería condicionar la manera en que vivimos el presente. Nuestra preocupación y ocupación tendría que ser promover una cultura de compasión, justicia, paz y reconciliación, poniendo como prioridad la defensa de la vida en todas sus manifestaciones.

Aunque el Apocalipsis emplea un lenguaje violento para hablar del destino de los enemigos de Dios y de la iglesia, debemos entender que es un lenguaje de desahogo, un lenguaje de catarsis. Sirve para sacarse de adentro la amargura, la frustración y aun el enojo por haber sufrido tanta opresión. Pero es necesario notar que el juicio se deja siempre en manos de Dios. La audiencia vive los acontecimientos que narra el texto de forma vicaria, no en la realidad. Recordemos que lo que Juan recibe es una visión. Al hacerlo puede entonces seguir viviendo en el mundo real de manera constructiva, poniendo la confianza en Dios. Sugerimos que esta es la función del lenguaje apocalíptico. Nos ayuda a sacarnos de adentro el rencor producido por la opresión y nos libera para amar y luchar por la justicia, poniendo nuestra confianza en el Dios de la vida. Es como una película que nos ayuda a procesar sentimientos de amargura, o de abandono, o sentimientos de pena, de frustración, de cariño, etc. Vamos al cine, o vemos una película en televisión, sabiendo que lo que estamos viendo no es real; sin embargo los sentimientos que evoca, y a veces las reacciones que provoca, sí son reales, y muchas veces inciden en la conducta de las personas, para bien o para mal. Sugerimos que el lenguaje apocalíptico cumple una función semejante.

Siete figuras míticas (12.1-14.5)

Capítulo 9

Con el capítulo 12 comienza una nueva sección del libro que se extenderá hasta el capítulo 20. Los personajes cambian y la acción se desarrolla ahora en una escala cósmica. Las siete figuras que aparecen aquí son representativas de realidades mayores. Muchas de ellas aparecen también en las tradiciones de pueblos de la antigüedad, no solamente de Israel. De manera que el autor hace uso de tradiciones legendarias, míticas diríamos, para comunicar a su audiencia la visión que Dios le da sobre el curso de la historia. Se trata de la antigua lucha entre el bien y el mal, o la vida y la muerte, que ha sido registrada en casi todas las religiones del mundo.

Primera figura: la mujer encinta (12.1-2)

La mujer está vestida del sol, con la luna debajo de sus pies y con doce coronas sobre su cabeza. Es un personaje de dimensiones cósmicas descrito con símbolos que apuntan a su procedencia. Recordemos que en 1.16 el Hijo del hombre de la visión de Juan tiene un rostro que resplandece como el sol. Esto aludía a su carácter divino, ya que la luz es uno de los atributos de Dios (5.3). Notamos que la mujer está vestida con el sol. Esto significa que no es divina en sí misma, pero está revestida de divinidad; es decir, Dios la protege, la cubre. Estar parada sobre la luna nos habla de su dominio, su poder. El estar encinta es símbolo de vida.

El mito de la reina del cielo aparece en varias de las culturas del medio oriente, en Egipto, Grecia, Babilonia y el Asia Menor. Sus elementos constitutivos son la mujer embarazada que es acosada por un dragón, símbolo del mal o de la muerte, y que es protegida por los dioses al momento de dar a luz. El Imperio Romano adoptó el mito de manera que la mujer vino a ser la diosa Roma y el niño el emperador, la encarnación del dios Apolo. En Esmirna, la ciudad donde estaba una de las siete iglesias (2.8-11), existía el templo más antiguo a la diosa Roma como reina del cielo.

Pero para Juan, esta mujer es representativa del pueblo de Dios, tanto del Antiguo como del Nuevo Testamento. Esta mujer está encinta y a punto de dar a luz. En Miqueas 4.9-10; 5.3 y en Isaías 26.16-27; 54.1; 66.7-9 Israel se describe como una mujer de parto a punto de dar a luz. Como esta mujer tiene una corona de doce estrellas se la puede asociar tanto con Israel (las doce tribus), como con la iglesia (los doce apóstoles). Como la mujer está a punto de dar a luz al Mesías prometido, Jesucristo (11.5, 17), se la ha asociado también con María, especialmente en la tradición católica romana. De manera que la mujer es otro de esos símbolos que en el Apocalipsis tiene más de un significado. Todos los expresados arriba podrían estar incluidos en esta imagen de la mujer encinta.

Segunda figura: el dragón escarlata (12.3-4)

El dragón escarlata es el enemigo de Dios y de su pueblo (Sal 74.14; Ez 32.2-3; Is 27.1; Dan 7.1-7). En 12.9 se le identifica con el Diablo o Satanás, el engañador, la serpiente antigua, que es una referencia a la serpiente de Génesis 3.1-5. Tiene siete cabezas y diez cuernos que van a aparecer nuevamente en 13.1 y en 17.3, pero esta vez se hablará de una bestia, no de un dragón. Veremos si se trata de la misma figura o si es otro de los símbolos multivalentes del libro. Los cuernos son símbolo de poder y el hecho de que tenga siete cabezas coronadas puede significar su deseo de reclamar poder absoluto.

El dragón tiene poder sobre el cosmos, ya que arrastra con su cola un tercio de las estrellas y las arroja a la Tierra. Este es un dato que aparece también en algunos mitos antiguos. La expectativa crece cuando el texto lo describe esperando que nazca la simiente de la mujer para devorarla. De nuevo nos acordamos de Génesis 3.15 que nos habla de la enemistad entre la simiente de la mujer y la serpiente. Aquí, al final de la Biblia, el drama escatológico y salvífico de la historia humana está a punto de llegar a su punto culminante.

Tercera figura: el hijo varón (12.5-6)

Cuando la mujer da a luz un hijo varón la audiencia de Juan entiende enseguida que se trata de Jesucristo, el Ungido o Mesías. El niño, nos dice el texto, «fue arrebatado para Dios y para su trono», lo cual significa que está ahora en la presencia de Dios como el Cordero que fue inmolado. La mujer huye al desierto, donde es sustentada por Dios durante mil doscientos sesenta días, que son tres años y medio, o sea, un período corto de tiempo. Hay aquí ideas similares a las del evangelio de Mateo, capítulo 2, donde se narra la huida de la sagrada familia a Egipto por temor al rey Herodes quien, queriendo matar a Jesús, termina mandando asesinar a todos los niños menores de dos años. A su vez, esta historia nos hace acordar del Faraón de Egipto, quien también mandó matar a todos los niños varones para evitar que los hebreos se constituyeran en un peligro para la seguridad del país. En la imaginación de la audiencia de Juan todos estos símbolos están relacionados: Egipto fue siempre el enemigo de Israel y el Faraón es comparado en Ezequiel 32.2-3 con una especie de animal acuático, un cocodrilo quizás.

La huida de la mujer al desierto nos recuerda que en la Biblia el desierto es siempre el lugar donde el pueblo experimenta liberación de parte de Dios. En la narración del Éxodo Israel es sustentado en el desierto con el maná provisto por Dios. A su vez Juan el Bautista anuncia, en el desierto, la llegada del tiempo de salvación. Y Jesús comienza su ministerio luego de vencer al Diablo en el desierto. Pero sobre todo nos acordamos de Agar, quien al huir de la presencia de Sarai es sustentada en el desierto por el ángel de Yahvé (Gn 16). Todas estas imágenes apuntan a la mujer como representativa del pueblo de Dios que, una vez que el Ungido, Jesucristo, es exaltado al cielo, se encuentra expuesto a los ataques del mal personificado por el dragón. A su vez este pueblo experimenta en la vida real el hostigamiento y aun la persecución abierta por parte de la sociedad grecorromana.

Cuarta figura: el arcángel Miguel (12.7-9)

Aquí se introduce otro personaje: Miguel, uno de los siete arcángeles que aparece en Daniel 10.13, 21; 12.1 como jefe de los ejércitos de Israel luchando en contra de los ángeles que comandan las naciones gentiles. Aquí también Miguel está luchando en contra de los enemigos de Dios, en este caso el dragón y sus ángeles. Miguel vence al dragón y lo arroja a la tierra.

Lo que sucede ahora en el cielo es interesante. Se nos dice que ya no hay lugar en el cielo para el Diablo, lo cual parece sugerir que antes de esta expulsión sí lo había. ¿Qué hacía el Diablo en el cielo? ¿Cuál era su función? Parece ser, de acuerdo al v. 10, que su función era acusar a los creyentes día y noche delante de Dios. Encontramos una idea semejante en Job 1.6-12 y en Zacarías 3.1. El nombre Satanás significa precisamente eso, el acusador. Pero ahora el Diablo y sus ángeles no tienen nada más que hacer en el cielo, pues ahora el hijo de la mujer, el Ungido, el Cordero, ha sido exaltado y ha tomado su lugar en la presencia de Dios, abriendo el libro del plan de Dios para la historia y revelando su interpretación.

Un himno celestial (12.10-12)

La expulsión de Satanás crea una algarabía en el cielo. Una gran voz, un vozarrón diríamos, proclama que ahora ha llegado la salvación y el reino de Dios y la autoridad de su Cristo, porque el Diablo ha sido echado del cielo. Ya no acusará más a los fieles, pues estos lo han vencido a través de la sangre del Cordero y de la palabra de su testimonio. Esto significa que el sacrificio de Cristo los había librado de cualquier pecado por el cual fueran acusados delante de Dios. Las palabras de Pablo en Romanos 8.33 vienen al caso aquí: «¿Quién acusará a los escogidos de Dios? Dios es el que justifica». Confiados en el perdón adquirido a través de la sangre de Cristo, estos creyentes no vacilaron en dar testimonio. ¿Y cuál era este testimonio? Pues que Jesucristo, el Cordero inmolado, era la llave que abría el futuro de paz y justicia para ellos y el mundo y por eso, nos dice el texto, «menospreciaron sus vidas hasta la muerte». El testimonio de que había otro Señor que no era el emperador romano no era algo que las autoridades pudieran aceptar, ya que esto era sinónimo de revuelta social, de subversión. De ahí entonces que este testimonio les hubiera costado la vida a varios de los fieles (2.13).

El Diablo arrojado a la tierra (12.9, 13-17[18])

Pero la victoria en el cielo no se transfiere automáticamente a los que habitan en la Tierra porque ahora el Diablo ha sido arrojado allá a cumplir su misión satánica entre sus moradores. Este es el comienzo del tercer ay anunciado en 11.14. Y lo primero que hace el dragón al verse derrotado es tomar revancha persiguiendo a la mujer. Pero esta recibe «las dos alas de la gran águila» y logra escaparse de sus garras. El verbo que se utiliza aquí está en pasivo, lo cual siempre apunta a Dios como sujeto: es Dios quien le da las alas de águila. Esta imagen viene de Éxodo 19.4 y Deuteronomio 32.10-14, donde el pueblo de Israel es sacado de Egipto y protegido por Dios en el desierto. Al igual que en 12.6, el tiempo que dura la protección de la mujer es corto: tiempo, tiempos y la mitad de un tiempo significa tres años y medio. Esto implica que el acoso satánico no durará mucho. Ni aun con las turbulentas aguas de un río que sale de su boca (recordemos que Leviatán era un monstruo marino) puede el dragón apoderarse de la mujer. Viéndose burlado decide perseguir al resto de la descendencia de la mujer, «los que guardan los mandamientos de Dios y tienen el testimonio de Jesucristo», una clara referencia al pueblo fiel representado ahora por la iglesia.

Los fieles de la Tierra, la audiencia de Juan, saben que hay fiesta en el cielo porque el Cordero ha vencido y aquellos que han muerto por su fidelidad a Dios están en ese mismo momento celebrando la victoria final sobre el Diablo y sus ángeles. Pero este aún está con vida; herido de muerte sí, pero con suficientes fuerzas como para dañar a la iglesia. Por eso se para sobre la arena del mar y espera que llegue el momento para continuar con su ataque. En la RVR esta idea se encuentra en 13.1 con la diferencia que se traduce «Me paré sobre la arena del mar». Algunos manuscritos, más confiables, dicen «Se paró sobre la arena del mar» que entonces sería una referencia clara al dragón. La NVI y la BA siguen esta traducción.

A través de este drama cósmico expresado en el lenguaje del mito (véase la introducción) las congregaciones que reciben el mensaje apocalíptico de Juan llegan a entender por qué ellas tienen que sufrir todavía cuando Jesucristo, en virtud de su resurrección y exaltación, ya ha sido declarado vencedor. La respuesta que reciben es que el mal todavía debe reinar, pero no por mucho tiempo más. Estos creyentes, que viven entre la resurrección y la parusía, saben que el día de la victoria final de Dios y del Cordero está a punto de amanecer. El gran drama cósmico entre la vida y la muerte ya ha sido resuelto: la vida prevalecerá. Pero el dragón anda suelto y aunque sus fuerzas estén disminuidas, es aún capaz de devorar a los hijos de la mujer.

Quinta figura: la bestia que sube del mar (13.1-10)

En el capítulo 13 Juan va a describir su visión de dos bestias, una que surge del mar y otra de la Tierra. El capítulo se divide naturalmente en dos partes, 1-10 y 11-18. Ambas secciones contienen los mismos elementos: una descripción de la apariencia de la bestia, una mención de su autoridad, una descripción de su actividad y finalmente una advertencia o recomendación.

Apariencia

La bestia que sube del mar representa a Roma y sus emperadores. Juan utiliza un lenguaje similar al de Daniel 7.3-7, en donde las bestias, que también suben del mar, representan cuatro reyes (Dn 7.17). Los elementos distintivos de estas cuatro bestias —semejantes al león, al oso, al leopardo y con diez cuernos— están presentes aquí en la primera bestia (vv. 1-2). Juan simplemente condensa estos elementos en una sola bestia que también sube del mar, una alusión al abismo mencionado en 9.1 y 11.7, el lugar del monstruo primordial Leviatán, también relacionado con los imperios que oprimieron a Israel (Ez 29.3). Aquí es Roma el imperio de turno y por eso la figura marítima que se utiliza es muy adecuada. Pero lo es también porque Roma controlaba el mar Mediterráneo, al cual llamaban *Mare Nostrum* (nuestro mar), indicando con esto el total control de esa vía de comunicación. El poder imperial de Roma estaba asegurado por su control absoluto del mar.

La bestia tiene siete cabezas y diez cuernos (igual que el dragón en 12.3). Las siete cabezas simbolizan siete reyes (17.10) y los diez cuernos son metáforas que hablan de poder (nótense las diademas en cada uno de ellos), y por eso se refieren a diez reinos o reyes (17.12), aunque quizás menores que los representados por las siete cabezas. Los nombres de blasfemia sobre sus cabezas se refieren a los títulos que los emperadores reclamaban para sí, como por ejemplo «Salvador», «Hijo de Dios», «Señor», etc., títulos que para los fieles solo podían ser aplicados a Dios y a su Ungido. Por eso son blasfemos, porque están usurpando el lugar que le corresponde solo a Dios.

Se nos dice que una de las cabezas estaba como herida de muerte. Aquí se utiliza la misma palabra que se usó en 5.6 para referirse al Cordero inmolado. La diferencia es que mientras que el Cordero fue resucitado, la bestia fue sanada. Una posible referencia histórica a este dato podría ser que después del suicidio de Nerón en 68 d. C. la gente comenzó a creer que realmente no había muerto y que volvería comandando los ejércitos partos para destruir a Roma.

Autoridad

La bestia ha recibido del dragón su poder y su trono y gran autoridad. El mundo se maravilla ante tanto despliegue de poder y adora al dragón que le ha dado tal posición. El himno al poder satánico del imperio, en 12.10, se asemeja al de los santos en el cielo; lo único que el destinatario no es Dios sino el dragón, el Diablo. Comenzamos a ver aquí un paralelismo entre el dragón y Dios y la bestia y el Cordero. De la misma manera que Dios le ha dado al Cordero autoridad y poder para reinar, así también el dragón le ha dado su autoridad y poder a la bestia, el Imperio Romano. Para la gente el imperio era invencible: «¿quién podrá luchar contra él?»

Actividad

La acción de la bestia se dirige ahora hacia los santos. Al hacerlo está haciendo uso de una autoridad que le es dada. Pero ahora la autoridad para luchar contra los santos no viene del dragón, sino de Dios. Es Dios quien ahora permite que el mal se extienda y afecte a los fieles, las congregaciones que sufren el hostigamiento de la sociedad grecorromana. Pero el tiempo es limitado: solo 42 meses, o sea, tres años y medio. Sin embargo, en este corto periodo de tiempo la bestia consigue vencer a los santos (v.7) y extender su autoridad sobre todo el mundo habitado. Esto nos habla del alcance geográfico y la diversidad étnica del Imperio Romano, así como también de la devoción que cosechó entre la gente del mundo. La gran autoridad de la que nos habla el v. 2 es una autoridad impuesta por las armas.

La gente que adora al imperio divinizado (vv. 3-4, 8) es aquella cuyos nombres no estaban escritos en el libro de la vida del Cordero. Estos están en completa oposición a las personas descritas en 12.17, las que siguen los mandamientos de Dios y tienen el testimonio de Jesucristo. De manera que los habitantes de la Tierra están divididos entre quienes adoran al dragón a través del culto al emperador y quienes adoran a Dios a través del Cordero inmolado. No hay posiciones intermedias.

Advertencia

Esta primera parte termina con una advertencia profética sobre la violencia del imperio. Juan utiliza palabras de Jeremías 15.2 y 43.11. En el primer texto, el profeta advierte al pueblo de Israel sobre lo inevitable del cautiverio babilónico. En el segundo, se les aconseja a los miembros de la tribu de Judá no confiar en la protección que les otorga el faraón de Egipto, pues aun allí les alcanzaría la mano de Nabucodonosor, rey de Babilonia. Aquí Juan le dice a su audiencia que es muy posible que muchos de los fieles vayan a ser perseguidos o sencillamente mueran. Por eso es necesario perseverar y tener fe, sobre todo ahora que saben que el reinado del mal es sólo provisional.

Sexta figura: la bestia que sube de la tierra (13.11-18)

Apariencia

La segunda bestia sube de la tierra y tiene cuernos de cordero, aunque habla como un dragón. La idea aquí es que aunque sería fácil confundir el discurso de este monstruo con un discurso cristiano, en realidad habla de parte de Satanás. Posiblemente sea una referencia a falsos profetas, similar a lo que sucede en Marcos 13. Como prueba de esto, vemos que en 16.13, 19.20 y 20.10 la bestia es llamada el falso profeta.

Siete figuras míticas (12.1-14.5)

Autoridad

La segunda bestia posee toda la autoridad de la primera bestia, quien como ya dijéramos representa al Imperio Romano. Esta segunda bestia posee la autoridad imperial y, a través de ésta, la autoridad del Diablo. Su misión es asegurarse de que la gente obedezca y adore a la primera bestia. Es decir, que la segunda bestia es un agente de la primera y que ésta, a su vez, es un agente del demonio.

Actividad

Podríamos describir la actividad de la segunda bestia como la de promover el culto a la primera bestia, o sea, al emperador. Para lograr sus objetivos hace señales prodigiosas. Por ejemplo, hace descender fuego del cielo, como Elías, y logra así engañar a la gente. Marcos 13.22 habla precisamente de esto cuando narra los acontecimientos previos al fin. Dice que vendrán falsos Cristos y falsos profetas que por medio de señales prodigiosas intentarán engañar aun a los escogidos. 2 Tesalonicenses 2.9-10 dice algo muy parecido. Obviamente, Juan y su audiencia conocían esta tradición. Pero además esta bestia terrestre insta a la gente a que construya una imagen de la primera bestia y que la adoren. Por medio de un poder especial hace que la imagen cobre vida y mate a las personas que se nieguen a postrarse delante de ella.

Detrás de esta descripción mítica hay una clara referencia a los sacerdotes del culto imperial, quienes parecen imitar con sus señales el poder de los profetas de Dios y de su Cristo. Al parecer pueden imitar los milagros de los dos testigos del capítulo 11, milagros similares a los de Elías y Moisés. En este caso se trata de hacer descender fuego del cielo, como hizo Elías, o de infundir aliento a la imagen del emperador, algo similar a lo que hicieron los magos de la corte del Faraón en Éxodo 7.8-12, cuando le dieron vida a sus varas, al igual que lo había hecho Moisés, convirtiéndolas en culebras. Lo cierto es que sabemos, por escritos de ese tiempo, que los sacerdotes del culto imperial habían hallado la forma de hacer que la imagen del emperador se moviera y hablara, y que fuego y relámpagos aparecieran en el templo donde se realizaba el culto. Estos «efectos especiales» eran parte de una dramatización premeditada para impresionar a la audiencia.

Como parte de la actividad de promoción del culto a la primera bestia, la segunda bestia hace que toda la gente lleve una marca en la frente o en la mano derecha (14.9, 11; 16.2; 19.20; 20.4). Esta marca les habilitaba para comprar y vender. Sin ella la persona estaba condenada a un total aislamiento económico. Pertenecer a sociedades mercantiles o de oficios implicaba participar en liturgias paganas, entre ellas ofrecer sacrificios al emperador divinizado. Esto excluía automáticamente a los cristianos que se rehusaban a rendir culto al emperador o adorar a su imagen. Quedar excluido de estas asociaciones perjudicaba mucho a cualquiera que quisiera sobrevivir económicamente en esa sociedad. En realidad no sabemos cuál era esta marca. El texto sugiere que podría ser el nombre de la bestia o el número de su nombre. Esto puede referirse al sello imperial que se colocaba en documentos o a la imagen y el nombre del emperador que aparecía en las monedas. Quizás se refiera a la imposición de utilizar monedas romanas en lugar de las monedas de cada región. Algunos grupos se rehusaron a hacer esto y cuando tuvieron la oportunidad rechazaron el uso del dinero romano. Tal fue el caso de los celotas que fueron los instigadores de la revuelta judía de los años 66-70 d. C.

Lo que sí sabemos es que esta marca tenía como propósito detectar a toda persona que no se adhiriese al culto del emperador. La marca de la bestia distinguía a los seguidores del emperador divinizado de las personas que seguían al Cordero inmolado y que también habían recibido una marca en sus frentes, como lo afirman 3.12 y 7.3.

Advertencia

El capítulo finaliza con una advertencia, o un llamado a prestar atención a lo que se va a decir a continuación. Se revela el número de la bestia y se dice que es número de hombre: 666. Esta cifra ha confundido a los eruditos por casi dos mil años y varias soluciones se han propuesto:

- Se refiere simbólicamente a algo menos que perfecto. Si el 7 indica perfección y el 8 más que perfecto, el 6 significa menos que perfecto y apuntaría a algo incompleto y de carácter maligno. Tres seis juntos implicaría una intensificación de lo imperfecto, de la maldad, y sería muy adecuado para referirse a la bestia.
- Las letras de los alfabetos griego y hebreo tenían valor numérico. El nombre César Nerón tiene el valor de 666 cuando se lo escribe con letras hebreas. Recientemente se ha demostrado también que el

nombre bestia, *zerion* en griego, suma 666 cuando se lo escribe con caracteres hebreos. El problema con esta interpretación es que por el tiempo en que se escribió el Apocalipsis Nerón ya había muerto. Quizás Juan está queriendo decirle a su audiencia que el imperio ha adquirido características neronianas, o sea, crueles, despóticas, intransigentes con la gente que no se sometía al culto imperial.

• Como la audiencia de Juan conoce el nombre de la bestia lo que se les pide aquí es que interpreten su significado. Si la bestia es Roma y se le da el número 666, que significa menos que perfecto, algo incompleto, el mensaje es claro. El imperio quiere hacerle creer a la gente que es todopoderoso, invencible, perfecto; pero la realidad es otra. Está herido de muerte igual que el dragón y va a ser vencido cuando el Cordero instale su reino en la Tierra. Esta es la esperanza de los fieles y por eso se afirma que aquí hay sabiduría (v. 18).

Séptima figura: el Cordero de pie sobre el monte de Sión (14.1-5)

Recordemos que el capítulo 13 había comenzado con el dragón, el Diablo, parado sobre la arena del mar, esperando el arribo de las dos bestias, sus agentes de destrucción. Aquí, y como séptima figura, tenemos nuevamente al Cordero quien se encuentra de pie sobre el monte de Sión, o sea Jerusalén. En la tradición profética Sión es un lugar de liberación y protección (Is 24.23; 25.7-10; Jl 2.32). Desde este lugar Dios —o su Mesías— reinará sobre todas las naciones destruyendo la muerte para siempre. En el Nuevo Testamento Jerusalén es el lugar donde reside Dios, la Jerusalén celestial (Heb 12.22; Gl 4.26). Es aquí, entonces, donde está parado el Cordero, en la ciudad celestial.

Pero no está solo. Viene acompañado de los 144,000 sellados de 7.3-4, quienes representan a todo el pueblo de Dios redimido por su sacrificio. Como marco litúrgico para este grupo se escucha en el cielo un cántico nuevo (5.9), entonado por una multitud de arpistas y que solo los 144,000 redimidos pueden aprender. Se describe luego esta multitud. Se dice que:

• «No se han contaminado con mujeres pues son vírgenes». Esto se refiere a la costumbre de privarse de contacto sexual antes de una batalla (Dt 23.9-10; 1 S 21.5). Pero no tiene por qué constituir un comentario negativo sobre la sexualidad y la mujer, ya que en otros pasajes del Apocalipsis la imagen femenina es positiva (12.1-17; 19.7-9; 21.2, 9). Más bien se refiere a la contaminación de la idolatría, que en la Biblia se representa como fornicación (17.1-2). Richard sugiere que este pasaje debería traducirse: «estos son los que no se han contaminado con idolatría, pues son puros de corazón».

- «Siguen al Cordero por dondequiera que va». Al igual que en los evangelios, el seguimiento implica discipulado que puede terminar en martirio.
- «Fueron redimidos de entre los hombres como primicias para Dios y para el Cordero». Las primicias eran las primeras espigas consagradas a Dios en anticipación a la cosecha total de los granos. En 1 Corintios 15.20 Cristo es descrito como las primicias de entre los muertos, esto es, el primero en ser resucitado. Aquí los 144,000, como los primeros frutos de una cosecha en marcha, anticipan la siega de la Tierra en 14.14-20.
- «En sus bocas no fue hallada mentira, pues son sin mancha delante del trono de Dios.» De nuevo tenemos aquí una referencia a la pureza ritual de los redimidos pues no se han contaminado con ídolos, que en el contexto del Apocalipsis sería la adoración del emperador divinizado y la participación en actividades culturales patrocinadas por los dioses grecorromanos.

Esta sección de las siete figuras míticas llega a su fin con el anticipo de una batalla escatológica. El dragón, como león enjaulado, se pasea por la orilla del mar y llama a sus secuaces, las dos bestias, quienes llevan a cabo sus órdenes malvadas. Por otro lado el Cordero, parado sobre el lugar que significa protección y liberación, el lugar alto de Sion, recibe la adoración del pueblo de Dios. El escenario está listo. La batalla final está a punto de comenzar. La audiencia de Juan suspende la respiración pues sabe que el momento culminante ha llegado.

El texto para hoy

Una lectura contemporánea del texto nos sugiere lo siguiente:

a) La única manera de vencer el mal individual y estructural es a través del amor y del sacrificio. Jesús lo dijo en Marcos 8.35: «Todo el que quiera salvar su vida, la perderá; y todo el que pierda su vida por causa de mí y del evangelio, la salvará». El coro celestial de 12.10-12 lo confirma: los mártires de la Tierra son los que han vencido al mal, pues no dudaron en dar sus vidas por el evangelio. Hoy en día este no es un mensaje muy popular. Al contrario, en algunas iglesias se predica exactamente lo opuesto. Hoy, como en el tiempo del Apocalipsis, se habla de la necesidad de acomodarse a la cultura, de actualizarse, de modernizarse. Pero siempre han existido falsos profetas y todavía los hay. El pueblo fiel debe ejercitar el discernimiento dado por Dios y probar a los espíritus para comprobar que son de Dios (1 Jn 4.1). Esto es tan necesario hoy como lo fue en el primer siglo.

b) Durante el tiempo en que fue escrito el Apocalipsis el Imperio Romano —muy lejos de sus comienzos como una república— había adquirido características bestiales. Por eso se lo simboliza con la imagen de una bestia. Varios emperadores, entre ellos Domiciano, demandaron absoluta devoción haciéndose adorar como la encarnación de los dioses. La gente se veía obligada a participar del culto imperial o aceptar la marginación social y aun la persecución física y la muerte. Como se sabe, algunos de los gobiernos que surgieron en América Latina en los años 60 y 70 exigieron para sí una total devoción ideológica, y aquellas personas que no compartieron sus puntos de vista fueron forzadas al exilio o sencillamente desaparecieron. Permanecer fieles a Dios en esta situación le costó la vida a mucha gente, entre ellas al arzobispo Romero de El Salvador y muchos otros líderes religiosos. Hoy en día nos encontramos ante un evento totalizador que demanda de las personas obediencia a sus dictados. Me refiero al proceso de globalización y tecnologización que se está extendiendo sobre todo el mundo, sin respetar límites nacionales ni culturales. Es como una marca deshumanizadora y bestial que sacrifica las economías regionales y los medios de subsistencia tradicional de mucha gente para satisfacer las necesidades y las demandas del primer mundo. Esto es algo que se ve claramente en el caso de NAFTA, el acuerdo económico firmado entre EE.UU., Canadá y México. ¿Qué significará para la iglesia permanecer fiel al Dios de la vida en este contexto actual? Para los que vivimos en el primer mundo, ¿cómo podremos evitar la seducción de esta cultura global a fin de poder solidarizarnos con la gente que se ve afectada por ella?

c) El Apocalipsis, quizás más que ningún otro libro de la Biblia, afirma que el poder del mal es limitado y temporal. Aun aquellas actitudes y prejuicios que parecen inmunes al paso del tiempo, porque van encarnándose en nuevas instituciones o adquiriendo nuevas formas de expresión, están condenadas a desaparecer el día en que, según la promesa bíblica, el reino de Dios lo llene todo (1Co 15.28). Me refiero aquí a actitudes tales como el materialismo y el individualismo excesivo, el deseo de poder, la opresión económica de los más débiles, el desdén hacia los verdaderos problemas de la humanidad tales como el hambre, la pobreza y la epidemia de SIDA y otras enfermedades que se extienden sobre todo en los países subdesarrollados, la arrogancia que viene con el éxito económico, académico o artístico, el sexismo, el machismo, el racismo, la homofobia, el antisemitismo, la xenofobia —que es el temor a la persona que es diferente—, etc. La lista es larga y al igual que el ejército infernal que seguía al cuarto jinete de 6.8, llamado Muerte, son precisamente estas actitudes las que matan y privan a las personas de la vida porque esparcen el odio y la injusticia. Para la persona de fe todo esto tiene un reinado limitado, pues ella sabe que Dios está en control de la historia y que nada sucede sin que Dios lo sepa. Para el pueblo de Dios esta es la razón fundamental para luchar en contra de todas estas encarnaciones diabólicas, estos demonios contemporáneos, y anunciar con el ejemplo de una praxis liberadora el reino que ha de llegar.

Tercer interludio: los seis ángeles mensajeros (14.6-20)

Capítulo 10

En esta sección la visión se concentra en seis ángeles y un personaje semejante al Hijo del hombre. Esta es la segunda vez que tal personaje ocurre en Apocalipsis. La primera vez fue en 1.9-20, donde se refería al Cristo resucitado. Acá aparentemente se refiere también a Jesucristo, aunque esto no es tan claro como en la visión del prólogo. En cuanto a la organización de esta sección vemos que los primeros tres ángeles son mensajeros. Luego viene la visión del Hijo del hombre y después tres ángeles más, esta vez dando órdenes y ejecutando acciones. La narración sigue una estructura concéntrica del tipo a-b-a':

a. Tres ángeles volando en medio del cielo (6-13)
b. El Hijo del hombre sentado sobre una nube (14)
a'. Tres ángeles salen del templo en el cielo (15-20)

Tres ángeles volando en medio del cielo (6-13)

El primer ángel proclama un mensaje que se cataloga como de evangelio eterno. Su contenido es la necesidad de arrepentimiento en vista de la proximidad del juicio de Dios. Los habitantes de la Tierra, que vienen de toda nación, tribu, lengua y pueblo, son el objeto de esta predicación. Aquí se sobreentiende que se refiere a las personas que han ido en pos de la bestia y de su profeta, como lo atestigua 13.7-8. Dios les está dando una última oportunidad para que le teman y le adoren. Al igual que en Hechos 14.15-17, aquí la exhortación es a abandonar la idolatría y volverse al único Dios, el creador del cielo y de la tierra.

El segundo ángel anuncia la caída de Babilonia con palabras sacadas textualmente de Isaías 21.9. En realidad se refiere aquí al Imperio Romano. Al igual que la verdadera Babilonia de la cual habla Isaías, el motivo de la caída de la gran ciudad, Roma, es la idolatría. Aquí se le menciona utilizando la figura de la fornicación y del vino. En Jeremías 51.7-8 se habla de Babilonia como una copa llena de vino de la cual bebieron las naciones de la Tierra. Aquí es Roma la que ha hecho beber a los habitantes de la Tierra del furor —pasión desenfrenada— de su fornicación, o sea, de su idolatría.

El tercer ángel sigue a los otros dos con otro anuncio de juicio: los que adoran a la bestia y a su imagen y reciben su marca están condenados a beber del vino de la ira de Dios. Según la traducción de la RVR, la palabra «ira» aparece dos veces en 14.10, primero como el «vino de la ira de Dios», y luego como el «cáliz de su ira». En realidad la primera vez que aparece sería mejor traducirla como «el vino del furor de Dios», ya que esta es la misma palabra griega que se utiliza para «furor» en 14.8 cuando se habla del furor de la fornicación de Babilonia. De esta manera se distingue entre el furor y la ira.

Es sumamente interesante ver cómo el autor describe la ira de Dios. En primer lugar, la ira de Dios es pura. No ha sido diluida con nada. Es puro furor. En segundo lugar, se la representa como una copa de vino que las naciones son forzadas a beber. Esta idea viene de Isaías 51.17 y Jeremías 25.15. En tercer lugar, si según 14.8 furor significa pasión desenfrenada, aquí se dice que en el juicio final la ira de Dios se manifestará de manera desenfrenada. La descripción en 14.10-11 de lo que les sucederá a los que adoraron al emperador divinizado demuestra lo que estamos diciendo: serán atormentados eternamente, de día y de noche, con fuego y azufre mientras los ángeles y el Cordero contemplan su sufrimiento. De nuevo, es difícil entender este lenguaje de retribución excesiva, especialmente cuando se trata de Dios y del Cordero, Jesucristo, quien durante su ministerio terrenal nos mandara a amar a nuestros enemigos. Como decíamos antes, este es posiblemente lenguaje de catarsis, de desahogo emocional para poder entonces canalizar todas las energías en la resistencia al imperio y en la posibilidad del martirio.

De manera que el tema central del mensaje de los tres primeros ángeles es que Dios ha juzgado a Roma por sus prácticas idólatras y que todas las personas que han participado del culto al emperador y del sistema económico promocionado por ese culto serán también juzgadas. Sin embargo esto no sucederá sin que antes hayan tenido una última oportunidad para arrepentirse. Y quienes han guardado los mandamientos de Dios se salvarán de este juicio. El mensaje para la audiencia de Juan es bien claro: es necesario aún perseverar en la fe de Jesús, pues esto es lo único que salvará a una persona del juicio que se avecina. Y si esta perseverancia las lleva a morir por su testimonio será bienaventurada, pues descansará de sus tareas. Mientras que los que adoraron a la bestia son atormentados día y noche sin tener reposo, los santos descansan de sus vidas de sufrimiento bajo el despótico poder del imperio. Al igual que en la parábola del hombre rico y Lázaro en Lucas 16.19-31, aquí también se produce una inversión de los destinos finales de los individuos. Esto también sirve de consuelo y de esperanza, pero también de advertencia para las iglesias a las que Juan escribe su profecía.

El Hijo del hombre sentado sobre una nube (14)

La visión cambia ahora y el profeta ve un personaje semejante al Hijo del hombre. Inmediatamente nos remitimos a 1.13, la visión inicial del libro, en donde este personaje es el Cristo resucitado. La tradición detrás de esta imagen es Daniel 7.13-14, en donde se describe a uno como un Hijo de hombre acercándose al Anciano de días en las nubes del cielo. Este tema es recogido por el evangelista Marcos en su descripción de la parusía (venida) de Jesús en 13.24-27. Aquí en 14.14 el Hijo del hombre lleva una corona de oro sobre su cabeza, símbolo de victoria, y una hoz en su mano, señal de que se está por realizar una cosecha. La posición de este versículo, en el centro de la sección de los seis ángeles, nos habla de su importancia. Este es el momento culminante de la historia, cuando el Mesías se dispone a ejecutar el juicio divino.

Tres ángeles salen del templo en el cielo (15-20)

Los próximos tres ángeles salen del templo en el cielo, de la misma presencia de Dios. Traen órdenes divinas para ser cumplidas inmediatamente. Como veremos enseguida, aun el Hijo del hombre, el Cristo resucitado, debe cumplir las órdenes de Dios.

El primer ángel sale del templo gritando con gran voz al que está sentado sobre la nube que ha llegado la hora de segar la tierra y que debe comenzar a hacerlo ya. Hay quienes no pueden entender cómo el Cristo resucitado, el Mesías, puede recibir una orden de un ángel. Pero debemos recordar que este ángel es solo un mensajero de Dios. El que determina que la tierra debe ser segada es Dios, no el ángel.

¿Que significa esta metáfora de segar la tierra? ¿Se refiere al juicio o a la reunión de los fieles en el reino de Dios? En los evangelios la imagen de la siega se utiliza con connotaciones positivas, significando un tiempo de regocijo en el que los fieles serían recogidos para el reino de Dios (Mc 4.29; Jn 4.35-38). Como en 14.4 los que han seguido al Cordero son llamados primicias, o sea, los primeros frutos de una cosecha, es probable que aquí la siega de la tierra se refiera al resto de los fieles que son ahora cosechados, segados, recogidos para que entren a la presencia de Dios como los demás. El texto no nos dice cómo se produce esta cosecha, solo que el que está sentado sobre la nube mete su hoz y la tierra es segada (14.16).

Un segundo ángel sale del templo en el cielo y también lleva una hoz aguda. Como el texto ya nos ha informado que la tierra ha sido segada en una manera positiva, pensamos que ahora este nuevo ángel tendrá a su cargo una misión diferente, quizás una siega para juicio. Esto lo confirma la descripción de un tercer ángel como dotado de poder sobre el fuego (y el fuego es símbolo de juicio). Ordena al segundo ángel que meta su hoz y vendimie los racimos de la tierra porque sus uvas están maduras. Aquí la imagen cambia de espigas de grano a uvas. Se nos dice que las uvas son arrojadas en el gran lagar de la ira de Dios y que de éste, al ser pisado fuera de la ciudad, sale una gran cantidad de sangre. Obviamente se está hablando aquí del juicio de Dios. El simbolismo viene de Joel 3.13, Isaías 63.3 y Lamentaciones 1.15, donde el juicio de Yahvé sobre Israel se describe como la actividad de pisar un lagar de uvas. En 19.15 es el Cristo resucitado quien ejecuta esta acción. Es importante notar que en 14.8 los malvados hacen que todas las naciones beban del vino de su fornicación (idolatría). Aquí, ahora son los impíos quienes son hechos vino (sangre) al ser juzgados por Dios.

La acción de pisar las uvas se desarrolla fuera de la ciudad (14.20). Fuera de la ciudad era donde se crucificaba a los reos para que no contaminaran a la ciudad. Allí murió Jesús, según Hebreos 13.12, ajusticiado por Roma. Ahora son los seguidores de la bestia, Roma, quienes son sometidos al juicio divino fuera de la ciudad, posiblemente la nueva Jerusalén, para que no contaminen a sus habitantes. Juan nos muestra nuevamente, con su retórica desestabilizadora, la inversión de los destinos de las personas en este último capítulo de la historia humana.

El texto para hoy

En medio de un lenguaje apocalíptico de retribución que es difícil de aceptar para las audiencias contemporáneas encontramos un versículo que se utiliza habitualmente en las liturgias funerarias cristianas: «Bienaventurados de aquí en adelante los muertos que mueren en el Señor. Sí, dice el Espíritu, descansarán de sus trabajos, porque sus obras con ellos siguen». Bienaventurados significa felices, dichosos, dignos de ser felicitados. ¿Quiénes son estas personas? El contexto nos sugiere que son seguidores de Jesús que resistieron la seducción idólatra del Imperio Romano y despreciaron sus vidas por amor a Jesús y a una vida de discipulado (14.4). Estas personas son puras, sin mancha (14.5), pues se rehusaron a acomodarse a la cultura diabólica del imperio, sustentada en la adoración del emperador como dios y prefirieron vivir vidas de marginación y enfrentar, si fuera necesario, el martirio antes de negar a aquel que les diera vida por medio de su sacrificio de cruz. Estas son las bienaventuradas. La próxima vez que nos encontremos en un sepelio, ya sea oficiándolo o presenciándolo, y estas palabras sean utilizadas, evaluemos si se ajustan al caso particular que tenemos delante o si se han transformado, como tantos otros pasajes bíblicos, en una retórica vacía de contenido.

Lo cierto es que esta bienaventuranza proviene del Espíritu, del Cristo resucitado, y es sumamente pertinente ya que nos dice cuáles son las personas que Dios considera dichosas. Son aquellas que aman la verdad (14.5) y se abstienen de consumir la cultura del hedonismo y el éxito fácil, la cultura narcisista del individualismo excesivo, la cultura hegemónica del mercado, la cultura de los medios de comunicación que presentan la realidad como algo digital y virtual que no puede movernos a la acción ni crear sentimientos de compasión, pues es simplemente eso, una realidad virtual. No es real, no se la puede tocar, palpar, no es tridimensional. Es chata, plana, como las pantallas de nuestras computadoras y nuestros televisores de plasma.

La gran cantidad de sangre representada por la cifra mil seiscientos estadios, el equivalente a 184 millas, que es la extensión aproximada de la tierra de Palestina, juntamente con la profundidad de este gran mar de sangre (hasta los frenos de los caballos hay por lo menos un metro de alto), es una exageración retórica cuyo propósito es transmitir la idea de que el juicio de Dios abarcará a todas las personas. Cuando pensamos en cuánta sangre se ha derramado y se derrama en las muchas guerras que han asolado a nuestro mundo, esta imagen de un mar de sangre causado por Dios es ofensiva y difícil de entender. Aun aceptando que este último acto divino viene a consecuencia de la maldad del ser humano y de su corazón no arrepentido, no condice con la imagen que Jesús nos diera de un Dios de amor. Hay quienes nos hacen recordar que el evangelio es un mensaje de gracia, pero también de juicio y que las dos cosas son inseparables. Y es cierto. El Nuevo Testamento está repleto de imágenes de juicio. Pero cuando el juicio se describe en términos de excesiva retribución y de placer sádico por el sufrimiento del enemigo, no podemos tomar esto literalmente por el solo hecho de ser palabra inspirada por Dios. Más bien, es palabra que Dios le da a su pueblo como instrumento de catarsis o desahogo. No debe tomarse literalmente, ni como lenguaje prescriptivo, es decir, lo que debemos procurar que suceda, ni aun descriptivo, como lo que esperamos que suceda. Es lenguaje simbólico, emotivo, exagerado, que sirve de consuelo y de desafío. Pero por sobre todo debemos recordar que es solamente Dios quien tiene derecho al juicio. El ser humano es bien capaz, y esto lo sabemos por experiencia, de desear el mal para sus enemigos y y hasta de justificarlo en sus escritos sagrados. Pero la decisión es de Dios y bien podría ser que en el último momento, cuando el telón de la historia esté a punto de caer, Dios, quien por ser Dios todo lo sabe, por una de esas cosas que permanecerá siempre como misterio, decida otorgar su perdón y tener misericordia aun de los enemigos de su pueblo (véase Ro 9.15; 11.32-36).

Las siete copas de la ira de Dios (15.1-16.21)

Capítulo 11

En los capítulos 15 y 16 aparece la última serie de sietes: siete copas de la ira de Dios que contienen siete plagas que son derramadas sobre la Tierra. Consta de un preludio a las siete copas (15.1-8) y de la descripción de las copas propiamente dichas (16.1-21).

Preludio a las siete copas (15.1-8)

Esta parte comienza y termina con una mención de los siete ángeles y las siete plagas, pero de forma invertida: ángeles/plagas/plagas/ángeles (v.1 y v.8). Es otro ejemplo de *inclusio*. Estas plagas son las postreras, lo cual da por sentado que ha habido otras anteriormente (véase caps. 8 y 9), pero con éstas se consuma la ira de Dios. Esto significa que la ira de Dios tiene un fin luego del cual se instaurará el reino eterno. Hay aquí un mensaje de esperanza para quienes están a punto de presenciar este despliegue apocalíptico de plagas. Juan le está diciendo a su audiencia: prepárense porque ahora viene el fin y la justicia de Dios está a punto de manifestarse.

A continuación Juan ve nuevamente el mar de vidrio que apareciera en la visión del trono de Dios del capítulo 4, lo único es que aquí está mezclado con fuego que pareciera representar, como en 8.5, la ira y el juicio de Dios. Esto nos dice que aquí tenemos otra visión del trono de Dios. Lo confirma la presencia de los cuatro seres vivientes quienes aparecen también en 4.6. Además, los mártires tienen arpas en sus manos y entonan un cántico al Cordero, lo cual los conecta con los veinticuatro ancianos y los cuatro seres vivientes de 5.8-10.

Que el mar sea de vidrio significa que su superficie es lisa y suave. Según ciertos pasajes del Antiguo Testamento el trono de Dios estaba ubicado sobre el mar celestial (Sal 29.10; 104.3). Si el mar representa las fuerzas del caos original sobre las cuales Dios triunfa al crear el mundo (Gn 1.7), el trono celestial, plantado sobre el mar, indica precisamente ese triunfo. Por otro lado, los santos, «de pie, a la orilla del mar» (preferimos aquí la traducción de la NVI por ajustarse mejor al texto griego) representan la victoria del pueblo de Dios sobre la bestia y su imagen y sobre la marca y el número de su nombre. En 12.11 se había anunciado la victoria de los mártires sobre el Diablo. Aquí la victoria es sobre los poderes terrenales diabólicos encarnados en el imperio y el culto al emperador. De manera que ahora la victoria de los mártires es completa.

En estos dos capítulos hay muchas referencias a la historia del éxodo del pueblo de Israel en el cautiverio en Egipto. Hemos ya mencionado la victoria sobre el mar. En los vv. 3-4, los fieles entonan el cántico de Moisés y del Cordero. Se alude aquí a Éxodo 15.1-18, cuando Moisés y el pueblo cantan a Yahvé por haber sido librados de la mano de Faraón. Pero aquí el cántico se dirige también al Cordero, quien ha hecho posible la liberación del poder del pecado y de la muerte a través de su sacrificio y resurrección. Debemos sin embargo notar que mientras que Moisés es llamado siervo (esclavo en el griego) el Cordero no lleva ningún calificativo. El Cordero entra en otra categoría. Moisés es siervo, Juan es siervo, los creyentes son siervos; pero el Cordero es el único que fue hallado digno de abrir el libro que contenía el plan de Dios para la historia, el que con su sangre había redimido a los fieles, el que recibe de parte de toda la creación una alabanza compatible con la alabanza dada solamente a Dios. Aunque el texto no lo diga, el significado es claro: Moisés es siervo de Dios, pero el Cordero, el Cristo resucitado, es Hijo de Dios (véase el capítulo 5 y Heb 3.1-6). Por eso el himno alaba a Dios por sus obras grandes y maravillosas y por sus justos juicios. Dios es Señor Todopoderoso, Rey de las naciones (en el v. 3 es preferible traducir naciones en lugar de santos), santo y el único digno de glorificación y adoración. El trasfondo para entender este himno es obviamente el culto al emperador. Todas las cualidades que aquí se atribuyen a Yahvé el imperio las atribuía al emperador. El motivo de la adoración del pueblo de Dios y de las naciones —lo cual es una referencia a quienes hasta ahora no habían formado parte de este pueblo— es que Dios es un Dios de justicia. Si antes la adoración del emperador se demandaba y la gente pagaba con su vida el no hacerlo, ahora la gente viene voluntariamente a adorar a Dios, pues finalmente se ha hecho justicia sobre la Tierra.

Lo próximo que sucede en esta visión del trono celestial es que se abren las puertas del santuario en donde se encuentra el tabernáculo del testimonio. El santuario terrenal, el templo de Jerusalén, que había sido destruido por los romanos en el año 70 d. C., y el tabernáculo, cuyo paradero era desconocido, eran, para los apocalípticos, meras copias de sus versiones celestiales (Heb 8.2; 9.11). Aquí Juan ve el verdadero santuario, el celestial, y de él salen los siete ángeles, vestidos de manera similar al Hijo del hombre de 1.13, con las siete plagas que luego depositarán en las siete copas de oro llenas de la ira de Dios, listos para derramarlas sobre la Tierra.

El templo se llena de humo, una indicación de que la gloria de Dios lo ha colmado (Ex 40.34; Is 6.4) y por eso nadie puede entrar en él hasta que se cumplan las siete plagas (1 R 8.10-11). El acceso a Dios está impedido. Ahora es el tiempo del juicio, cuando se manifestará la justicia de Dios de que hablaba el cántico de los vv. 3-4. El tiempo para arrepentirse ha pasado. La actividad celestial se detiene. El cielo y sus moradores están expectantes de lo que está a punto de ocurrir en la Tierra. También la audiencia de Juan se apresta a presenciar los sucesos del fin a través de la inspirada profecía del visionario.

Las copas de ira (16.1-21)

La estructura general del capítulo es la siguiente: a) Se derraman las tres primeras copas [1-4]; b) Liturgia exaltando la justicia de Dios [5-7]; c) Se derraman la cuarta, quinta y sexta copa [8-12]; d) Interludio [13-16]; e) Se derrama la séptima copa [17-21]. Es importante notar que hay una correspondencia entre las siete trompetas de 8.2; 11.19 y las siete copas de 16.1-21. Se ha sugerido que las copas intensifican lo que describen las trompetas, ya que mientras en las trompetas sólo un tercio de la Tierra es afectada, aquí la destrucción es total. También se ha notado que mientras las trompetas anuncian el juicio sobre la población de la Tierra, las copas anuncian el juicio sobre la comunidad que adora a la bestia.

Se derraman las tres primeras copas (1-4)

Comienza esta sección con una gran voz que se escucha desde el templo, ordenando a los siete ángeles que derramen las copas de la ira de Dios sobre la Tierra. Sabemos, por 15.8, que el templo se había llenado con el humo de la gloria de Dios y que nadie podía entrar hasta que se cumpliesen las siete plagas. De manera que esta voz no puede ser otra que la voz de Dios.

Al igual que la primera trompeta, la primera copa afecta a la Tierra. Las úlceras malignas y pestilentes nos recuerdan al sarpullido que sobrevino a los egipcios en Éxodo 9.8-11. La segunda copa afecta al mar, como la segunda trompeta. Y la tercera afecta a los ríos y las fuentes de agua, también como la tercera trompeta. En las copas segunda y tercera, la plaga consiste en que el agua se convierte en sangre. Recordemos que en Éxodo 7.17-21 sucede algo similar.

Liturgia exaltando la justicia de Dios (5-7)

De acuerdo a la tradición judía, distintos ángeles estaban a cargo de supervisar aspectos del mundo, como el fuego (14.18), el viento (7.1) y el abismo (9.11). Aquí tenemos al ángel que controla las aguas entonando una doxología dirigida a Dios por su acción de juzgar el mundo. Dios se describe como el que es, y el que era (11.16). No es necesario agregar «el que ha de venir», pues su venida es ya una realidad. La retribución divina es equivalente al pecado humano: vertieron la sangre del inocente y ahora se les da a beber agua convertida en sangre. Esta afirmación del ángel de las aguas recibe la aprobación verbal de otro ángel desde el altar. Recordemos que en 6.9-10 las almas de los mártires debajo del altar clamaban a Dios por justicia. Ahora esa justicia es ya una realidad. Así, un eco angelical confirma lo justo del juicio de Dios.

Se derraman la cuarta, quinta y sexta copa (8-12)

La cuarta copa, al igual que la cuarta trompeta, afecta a los astros, en este caso al Sol, el cual adquiere una intensidad inusual que hace que la gente se queme por el excesivo calor. Pero mientras que en la cuarta trompeta los astros pierden su intensidad, o sea que se enfrían, aquí el Sol se hace más ardiente. La gente reacciona con disgusto y en lugar de arrepentirse blasfeman el nombre de Dios. Como diríamos en América Latina: «de tal palo, tal astilla». Los seguidores de la bestia, al igual que ella, blasfeman a Dios.

La quinta copa se derrama sobre el trono de la bestia, es decir, Roma, el lugar donde se concentra el poder del imperio. Como consecuencia, su reino se cubre de tinieblas. Se asemeja a la quinta trompeta, ya que también allí se produce un oscurecimiento, en este caso del Sol y del aire. Nos recuerda también la plaga de tinieblas de Éxodo 10.21-23. El sufrimiento de la gente parece describir más las consecuencias de las quemaduras de la cuarta copa que las de las tinieblas de la quinta copa. Nótese que se mencionan dolores y úlceras o llagas, y que la gente se mordía la lengua a causa de lo intenso del dolor. Pero aun así no se arrepienten.

El sexto ángel derrama su copa sobre el río Éufrates y este se seca para que puedan pasar por él los reyes del oriente. En la sexta trompeta sucede algo similar (9.13-19). Acá se unen tradiciones del Antiguo Testamento con temores contemporáneos. Como recordaremos, el Mar Rojo fue partido por Yahvé para que el pueblo de Israel pudiera escapar de los ejércitos de Faraón, los cuales perecieron después al cerrarse el mar (Ex 14.21-22). También el río Jordán fue secado para que Josué y el pueblo tuvieran libre acceso a la tierra de Canaán (Jos 3.14-17). En Isaías 11.15 se hace referencia a la liberación del pueblo del cautiverio babilónico utilizando el tema del éxodo, la división del río Éufrates y el pasaje del pueblo a pie. Aquí, en la sexta copa, parece que se está refiriendo a los partos, quienes constituían un latente peligro para la integridad del imperio. Este pueblo venía justamente del oriente, del otro lado del Éufrates. Esta posible invasión es interpretada como un castigo para los enemigos del pueblo de Dios.

Interludio (13-16)

Estos versículos constituyen un interludio equivalente al que sucede entre el sexto y séptimo sellos (cap. 7) y la sexta y séptima trompetas (caps. 10-11). Se describe al dragón, a la bestia y al falso profeta —que sin duda es la bestia que sube de la Tierra en 13.11-17— como una trinidad satánica, impura, de cuyas bocas salen tres espíritus inmundos semejantes a ranas. La rana era un animal que la gente de la antigüedad consideraba impuro y feo. Los israelitas tenían prohibido comerlas (Lv 11.10). Una de las plagas de Egipto fue justamente la plaga de ranas (Ex 7.25ñ8.14). La misión de estos espíritus es alistar a los reyes de la Tierra en todo el mundo para lo que se describe como «la batalla de aquel gran día del Dios Todopoderoso». Este es el día de Yahvé anunciado por los profetas y que, en la mentalidad apocalíptica, formaba parte fundamental de la cronología del fin. La iglesia primitiva siempre asoció este día con la parusía (venida) de Jesucristo. Por eso, rompiendo el fluir natural de la narración, encontramos un dicho de Jesús sobre el ladrón en la noche, que viene de Mateo 24.42-44 y Lucas 12.39-40, y que es también utilizado por Pablo (1 Ts 5.2-3). Esta es la segunda vez que esta tradición aparece en Apocalipsis. La primera fue en 3.3, en el mensaje a la iglesia de Sardis. Este dicho implica que en el día de la venida de Jesucristo, aun los creyentes que no se han mantenido fieles a Dios serán juzgados. Aquí el juicio se expresa con el lenguaje de la desnudez y de la vergüenza que esto acarreaba en aquella sociedad, ya que la palabra que se utiliza para desnudez es un eufemismo para los órganos genitales.

El sitio donde los reyes de la Tierra son congregados para la batalla final se llama Armagedón, que en hebreo significa *el monte de Meguido*. En la llanura de Meguido, o valle de Jezreel, se habían librado varias batallas famosas (Jue 5.19; 2 Cr 35.22; Zac 12.11). Dado que Juan utiliza varios nombres del Antiguo Testamento de manera simbólica (por ejemplo Roma es Babilonia, Jerusalén es Sodoma o Egipto), aquí, más que un lugar geográfico especifico, se está queriendo significar el lugar escatológico donde los enemigos de Dios serán destruidos.

Se derrama la séptima copa (17-21)

La séptima copa se derrama por el aire y una gran voz desde el santuario celestial, desde el mismo trono exclama: «¡Ya está hecho!». La voz es obviamente la voz de Dios, que declara que todo lo que las copas han anunciado ya se ha realizado. Esta afirmación es seguida por una serie de fenómenos atmosféricos que en Apocalipsis denotan la presencia y el juicio divinos (8.5; 11.19). La gran ciudad, Roma, se divide en tres partes como consecuencia de un terremoto de una magnitud como nunca antes se haya visto. También las ciudades de las naciones son destruidas. Estamos aquí presenciando el juicio de Dios sobre toda la civilización grecorromana, que como sabemos estaba centrada en las instituciones de la ciudad, la *polis*. Dicho de otra manera, es el juicio de Dios sobre la historia como producto humano. El juicio de la gran Babilonia, Roma, va acompañado de señales cósmicas y planetarias que se asemejan a una creación en reverso donde, en lugar de Dios juntar los elementos para formar los continentes, los continentes se dispersan, pierden su forma, se transforman en materia amorfa, se derriten (Sal 97.5; Is 40.4; Ez 38.20). Nos encontramos en presencia de otra *teofanía*, es decir, una manifestación de la presencia de Dios ante la cual la creación entera se sacude desde sus mismas entrañas. Estos fenómenos se parecen mucho a los que sucedieron con el sexto sello, en 6.12-14, pero aquí adquieren un carácter más final, especialmente cuando, de acuerdo a 15.1, las siete plagas marcan el fin de la ira de Dios y la voz del cielo ha anunciado, en el v. 17, que ya todo se ha realizado. Sin embargo, los pormenores de este juicio y de este fin están todavía por narrarse en los capítulos que restan. Nuevamente la audiencia de Juan es dejada con una sensación de suspenso y expectativa, en espera de la conclusión del drama de salvación de la historia.

El texto para hoy

El tema principal de esta sección es el juicio de Dios. Se le menciona en 15.3, 4; 16.5, 7. Muy conectada con el juicio de Dios, está la ira de Dios, que las plagas vienen a manifestar de manera clara y convincente. Pensemos un poco en estos dos temas. Se dice del juicio de Dios que es justo y verdadero. Esto significa que Dios no es vengativo ni caprichoso. El juicio de Dios se hace necesario porque existe el mal, es decir, porque vivimos en un mundo que no es moralmente neutro, y Dios tiene que oponerse y destruir al mal y hacer triunfar el bien. Los escritores bíblicos atribuyeron a Dios características humanas. Se dice así que Dios, que es Santo, se enoja al ver el pecado, y su enojo se manifiesta en ira que se desata sobre el mundo. Ya en el Antiguo Testamento los escritores sagrados hablaban del día de la ira de Dios como un día de retribución, o sea, un día en el que los que habían hecho el mal tendrían que enfrentarse con Dios. En 16.5-6 el ángel afirma que Dios es justo y santo porque ha juzgado «estas cosas». ¿Cuáles son estas cosas? Se refiere a la naturaleza criminal y asesina del Imperio Romano. No existe mayor mal ni pecado más grande que el de derramar sangre humana. Por eso Dios viene en juicio y derrama las copas de su ira sobre la humanidad que ha practicado y hecho un culto del asesinato, de la violencia y de la guerra.

Pero es difícil aceptar que Dios tenga que devolver mal por mal, que no haya lugar en su juicio para su amor. Debemos recordar que el Apocalipsis manifiesta una y otra vez que las personas que reciben el castigo divino habían tenido tiempo para arrepentirse y sin embargo eligieron no hacerlo (16.9, 11). La Biblia es clara al expresar la idea de que el juicio de Dios es algo que la persona se acarrea sobre sí misma al ejercer la libertad de decidir que le dio el Dios que lo creó libre. No hay en Dios deseo de venganza, sino solo de justicia. Para la audiencia de Juan este era un mensaje de consuelo y de esperanza, al ver que sus sufrimientos tendrían un fin y que sus enemigos recibirían de parte de Dios su merecido castigo.

Hoy, que vivimos en un mundo donde hay excesiva violencia y se derrama sangre en nombre de causas patrióticas y aun en nombre de la libertad, el mensaje es tan relevante como ayer. Dios va a juzgar el asesinato, el literal y el metafórico —porque hay también formas de matar que no implican derramar sangre. La opresión económica, el maltrato y la explotación del inmigrante, la violencia familiar, el machismo, el prejuicio racial y sexual, etc., son formas de matar, de privar a nuestros semejantes del derecho a la vida y a la felicidad. Cuándo y cómo juzgará Dios al mundo por todas estas cosas, no lo sabemos —y en realidad no tendría que importarnos. Recordando lo que dijéramos antes sobre la propiedad catártica del lenguaje apocalíptico, estos pasajes hacen que dejemos el juicio en las manos de Dios, mientras que la praxis constructiva en el presente recae en las nuestras. No debemos permitir que la maldad que vemos a nuestro alrededor nos llene de odio y de rencor. Solo debemos preocuparnos por vivir respetando la vida y resistiendo al mal en forma no violenta. Si hacemos esto estaremos viviendo en sintonía con un Dios justo.

Juicio y caída de Babilonia (17.1-18.24)

Capítulo 12

Los capítulos 17 y 18 nos presentan el juicio sobre el Imperio Romano y la ciudad imperial, Roma, a través de las figuras de la bestia y la ramera. Podríamos organizar el texto de la siguiente manera:

A.Descripción de la ramera y de la bestia, 17.1-6
B.Interpretación, 17 .7-18
1. La bestia, 7-14, 17
2. La mujer, 15-16, 18
C. La caída de Babilonia, 18.1-24

Descripción de la ramera y de la bestia, 17.1-6

Uno de los siete ángeles se acerca a Juan, el vidente, y le propone mostrarle lo que se describe como el juicio o la sentencia contra la gran ramera que está sentada sobre muchas aguas y con la cual han fornicado los reyes y los habitantes de la Tierra. El vidente es llevado de manera espiritual, extática, al desierto, y allí comprueba lo que le dijera el ángel: una mujer sentada, pero no sobre muchas aguas, sino sobre una bestia de color escarlata, llena de nombres de blasfemia y con siete cabezas y diez cuernos. Se trata, evidentemente, de la misma bestia de 13.1 (la relación entre ésta y las muchas aguas se verá más adelante).

La mujer está vestida con colores similares a los de la bestia, adornada con piedras preciosas, y lleva en la mano un cáliz de oro lleno de las abominaciones de su fornicación. El nombre sobre su frente es

«Babilonia la grande, la madre de las rameras y de las abominaciones de la Tierra». El grabado en su frente parece indicar el tipo más bajo de prostitutas, las que tenían tatuajes en sus cuerpos. Las joyas y perlas indicarían una cortesana rica. El texto nos dice que la mujer está ebria pues ha bebido la sangre de los santos y los mártires. Ante tal visión Juan queda profundamente impactado. La descripción tiene connotaciones de voyeurismo, que es la contemplación anónima de una escena erótica. Podemos imaginar también el impacto de semejante escena para la audiencia de Juan. No podemos evitar remitirnos al capítulo 12, donde se describe a otra mujer, pero esta vez en términos totalmente diferentes: madre de un hijo varón, poseedora de descendencia, protegida por Dios y perseguida por el dragón, Satanás. En suma, hay allí una imagen positiva de lo femenino que se utiliza para representar al pueblo de Dios, mientras que aquí tenemos lo opuesto: una imagen bien negativa para hablar de los enemigos de ese pueblo. Estas metáforas reflejan algunos de los roles sociales y sexuales de las mujeres de aquel tiempo. Ser madre de un hijo varón era el mayor honor que una mujer podía adquirir. Ser prostituta era el rol femenino más despreciable y con menos honor. Este simbolismo no habría pasado desapercibido para la audiencia de Juan.

Con los datos proporcionados por el texto, y por los capítulos precedentes, entendemos que la ramera representa a la ciudad de Roma. Esto se hace explícito en 17.18. En el Antiguo Testamento se utiliza la metáfora de la prostituta para hablar de ciudades impías. Por ejemplo, Tiro (Ez 27.1-3; Is 23.16-17), Nínive (Nah 3.4) y Babilonia, la cual, al igual que la ramera de Apocalipsis, estaba edificada junto a muchas aguas (Jer 51.13) y había dado a beber de su vino a muchas naciones (Jer 51.7). El nombre de la mujer es justamente Babilonia. Al igual que Babilonia, Roma había destruido el templo en Jerusalén y subyugado al pueblo de Israel. Era la ciudad más poderosa, la capital del imperio y el centro de su vida política, económica y religiosa, la cual estaba edificada sobre la base del culto al emperador.

El pecado por excelencia del imperio, o del tirano, es la *hubris*, esto es, la desmesura, el considerarse divino y por lo tanto pensar que se está más allá de toda represión o crítica. Es considerarse con derecho de vida y muerte sobre los seres humanos. Por eso la mujer está ebria de la sangre de los inocentes. Aquí se refiere posiblemente a los mártires que murieron bajo la persecución de Nerón y alguna que otra persecución esporádica que sucedió después. Pero la iglesia iba a producir todavía muchos más mártires antes de que Dios cerrase el último capítulo de la historia de Roma.

Interpretación (17.7-18)

El ángel, que había mostrado a Juan la visión de la ramera sentada sobre la bestia, se dispone ahora a explicarle lo que cataloga de misterio. Su explicación comienza con la bestia y luego se referirá a la mujer.

El ángel dice que la bestia, «era y no es, y está para subir del abismo e ir a perdición» y también «que era y no es, y será». Esta descripción contrasta con la de Dios en 1.4, 8 y 4.8 como «el que era, y el que es y que ha de venir». Cualquiera que haya sido, el poder de la bestia está desapareciendo, y su futuro es perdición. Sin embargo, y por ahora, los habitantes de la Tierra, los que no siguen al Cordero, se asombrarán de ver el poder de la bestia. En 13.3-4 se dice también que los habitantes de la Tierra se maravillan al ver cómo una de las cabezas de la bestia, que estaba herida de muerte, es sanada milagrosamente. Nos preguntamos si estos dos textos estarán relacionados.

Luego, el ángel pasa a interpretar las siete cabezas y los diez cuernos. Dice que solo la mente que tiene sabiduría podrá comprender el significado, algo similar a lo que se dijo en 13.18 en relación al número de la bestia. Y ni bien continuamos leyendo nos damos cuenta por qué se requiere sabiduría: las siete cabezas son siete montes, pero son también siete reyes. La mujer se sienta sobre los montes. Si la mujer representa a Roma, se ha sugerido que aquí hay una referencia a las siete colinas sobre las cuales estaba construida la ciudad. Los siete reyes posiblemente se refieran a siete emperadores romanos. Cinco han caído, uno es y el otro aún no ha venido. Esto suma siete en total. Pero hay uno más, el octavo. Este rey es en realidad la bestia (aquí es donde el simbolismo se complica) pero es también uno de los siete. La clave está entonces en descifrar quién es este octavo rey, que es también la bestia y uno de los siete. ¡No por nada el ángel dice que esto es para la mente que tenga sabiduría!

La interpretación de los diez cuernos es también enigmática. Se trata de diez reyes que todavía no han recibido reino pero lo harán y reinarán brevemente, por una hora, junto con la bestia. En realidad, sus reinados son un pretexto para transferirle el poder a la bestia. En esto todos están de acuerdo (vv. 13, 17), aunque realmente es Dios quien se mueve detrás de esta aparente libre decisión de abdicar el poder a favor de la bestia. Durante su corto reinado estos reyes pelearán contra el Cordero, pero serán vencidos por quien es el Rey de todos los reyes. La descripción de esta batalla viene más adelante, en el capítulo 19.

Ahora le toca el turno a la mujer. Notamos inmediatamente que se mencionan tres cosas sobre las que se sienta la mujer: muchas aguas (vv. 1, 15), la bestia escarlata (v. 3) y los siete montes (v. 9). Las aguas se interpretan como pueblos, muchedumbres, naciones y lenguas (v. 15). Los siete montes podrían referirse a las siete colinas sobre las cuales estaba edificada la ciudad de Roma. Cuando el ángel, al final del capítulo, revela el misterio de la mujer como la gran ciudad que reina sobe los reyes de la Tierra, la audiencia sabe que está hablando de Roma. También se dice que la mujer se sienta sobre la bestia, lo cual se refiere al Imperio Romano. De manera que, de acuerdo a los datos provistos por el texto, la mujer es la ciudad de Roma, capital del Imperio Romano y líder entre las ciudades del imperio. Esto es quizás lo que significa que se sienta sobre muchas aguas: que su influencia se extiende más allá de los límites geográficos de Roma como ciudad imperial —que abarca los diferentes pueblos, naciones y lenguas que formaban parte del Imperio Romano (v. 15).

Pero a pesar de su poder e influencia sobre las naciones y reyes, la ciudad imperial sería destruida. Las imágenes que se utilizan para hablar de esta destrucción son muy fuertes. Describen la vejación de la ramera por aquellos que solían frecuentarla, por sus amantes. El lenguaje es similar al de Ezequiel 23.25-30 y Oseas 2.3, donde se utiliza para hablar del castigo divino sobre Judá e Israel debido a su idolatría. Para nuestros oídos contemporáneos este lenguaje es sumamente ofensivo, especialmente cuando nos damos cuenta que es Dios quien está haciendo o permitiendo esto (v. 17). Debemos entender que esta descripción es cultural. La audiencia inmediatamente entiende que se trata de un castigo sumamente severo. El castigo de las mujeres que se apartaban de los roles tradicionales era algo relativamente común en esa sociedad y no causaba mucha sorpresa. Por ejemplo, si la hija de un sacerdote se dedicaba a la prostitución era quemada viva (Lv 21.9). Nos habla de una cultura misógina, es decir, que despreciaba a la mujer y a lo femenino. Pero es el único lenguaje y la única cultura que el autor tiene a su disposición para comunicar su mensaje. No estaremos de acuerdo con las imágenes ni con las prácticas sugeridas por las mismas, pero podemos entender el mensaje. Este mensaje es, aquí y en todo el libro del Apocalipsis, que los enemigos de Dios serían juzgados y que el pueblo de Dios sería vindicado. Cómo vamos a apropiarnos de este mensaje, siendo sensibles a la gran diferencia cultural que existe entre el mundo de la Biblia y el nuestro, es un desafío constante para la iglesia.

Muchos autores han intentado descifrar el misterio de las siete cabezas con resultados diversos. Realmente, hay solo dos posibilidades: o se las interpreta históricamente, o simbólicamente. La interpretación histórica ve en las siete cabezas a siete emperadores romanos. Como la lista es extensa, desde Julio César, en el año 44 a. C., hasta Nerva, en 96-98 d. C., el problema es dónde comenzar a contar. Si comenzamos con Julio César y contamos los cinco, que según el texto habían caído, tenemos, aparte de Julio César, a Augusto (31 a. C.-14 d. C.), Tiberio (14-37 d. C.), Gayo (37-41 d. C.) y Claudio (41-54 d. C.). El número seis, el que según el texto «es», es decir, está gobernando en el momento en que se escribe el libro, sería Nerón (54-68 d. C.). Esto haría que el séptimo fuese Galba (68-69 d. C.) y Otón (69 d. C.) el octavo, el cual según el texto sería la bestia y uno de los siete. En ese tiempo, existía la leyenda de que Nerón iba a volver a la vida reencarnado en uno de sus sucesores. Así, el octavo rey sería un Nerón revivido. Vespasiano (69-79 d. C.) también podría llegar a ser el octavo rey si contamos a los tres emperadores que duraron un corto tiempo, Galba, Otón y Vitelio (69 d. C.) como uno solo. Pero ni él ni Otón manifestaron las cualidades históricas de un anticristo neroniano.

En la introducción dimos como fecha posible de escritura el tiempo de Domiciano, entre el 81 y el 96 d. C. Algunos eruditos han tratado de hacer coincidir su reinado con el sexto rey. Para lograrlo, han considerado a los emperadores que fueron deificados por el senado romano —Julio César, Augusto, Claudio, Vespasiano y Tito— como los cinco primeros reyes. De esta manera, Domiciano, quien se hizo adorar como dios en vida, sería el sexto rey, coincidiendo así, con el tiempo en que Juan escribió el Apocalipsis. El séptimo sería Nerva y el octavo, un personaje escatológico, un anticristo neroniano cuya inminente parusía, según Juan, contrastaría con la parusía de Jesucristo por cuanto estaba destinado a perdición. De todas las propuestas de interpretación histórica, ésta nos parece la más probable, pero aun así, es posible que no haya sido la intención de Juan hablar de un individuo en particular, sino hacer una crítica al imperio desde la postura de una comunidad perseguida y oprimida como era la suya.

Por eso, tal vez sea mejor interpretar las cabezas de manera simbólica. Notamos que se habla de siete cabezas. Siete, como sabemos, es un número que señala algo completo, una totalidad. Por ejemplo, Juan les escribe a las siete iglesias, con lo cual quiere significar toda la iglesia de sus días. Cada uno de los ciclos de siete —los sellos, las trompetas y las copas— nos hablan también de algo total, terminado, completo. Así, también las siete cabezas, que son en realidad siete reyes, apuntan al poder total del imperio. Y el octavo rey designaría a un tipo de rey como Nerón, otro emisario de malas noticias para los creyentes.

Otra manera de entender el simbolismo de este pasaje es compararlo con 13.8, donde se dice que el número de la bestia es 666. Juan vive durante el reinado de un emperador poderoso (no sabemos cual), el sexto en una serie de cinco que ya murieron, anticipando un séptimo, que no duraría mucho tiempo. El imperio trata de tener poder absoluto, simbolizado con el número siete, pero no lo logrará pues el séptimo emperador no alcanzará a reinar por mucho tiempo y el octavo, la bestia, no es más que una repetición de lo anterior. Según Pablo Richard, el imperio pretende alcanzar a ser siete, lo perfecto, pero siempre será seis, o mejor dicho 666.

La caída de Babilonia (18.1-24)

En este pasaje, seres angelicales proclaman y seres humanos lamentan la destrucción de Babilonia (Roma). Las imágenes están fuertemente influenciadas por descripciones de destrucción de ciudades extranjeras en el Antiguo Testamento (véase Ez 26-27; Is 13-14; Jer 50-51). La estructura general del capítulo es la siguiente:

A. un ángel proclama la destrucción de Babilonia (1-8),

B. los reyes de la tierra se lamentan (9-10),

C. los mercaderes se lamentan (11-17a),

D. la gente del mar se lamenta (17b-19) y

E. otro ángel proclama la destrucción de Babilonia (20-24).

Los extremos A y E son semejantes en forma y contenido:

1)se proclama la caída de Babilonia (2a, 21),

2)la vida humana ha abandonado la ciudad (2b, 22-23a) y

3)Babilonia ha seducido a los mercaderes y reyes de la tierra (3, 23b).

Hay además una recomendación para el pueblo de Dios enseguida después de A y antes de E: «Salid de ella pueblo mío» (4) y «alégrate sobre ella, cielo, y vosotros santos, apóstoles y profetas» (20).

Los puntos B, C y D contienen también los mismos elementos:

1)descripción del grupo: reyes (9-10), mercaderes (11-17a), gente de mar (17b-19);

2)llanto y lamentación (9, 11, 15, 19);

3)se mantienen a distancia por temor (10, 15, 17b) y

4)gritan ¡Ay!, seguido de la frase «en una sola hora vino tu juicio (10) ...han sido consumidas tantas riquezas (17) ...ha sido desolada »(19).

Todo esto hace que nos encontremos en presencia de un trozo literario armónico y de profunda belleza. El autor está explicando la razón del juicio sobre Babilonia (Roma). Y esta razón es, precisamente, la idolatría del poder y del dinero. Roma ha seducido a las naciones con sus riquezas y ha invitado a los reyes de la Tierra a participar del producto de sus prácticas injustas (5) las que se describen como lujos sensuales (3, 12-14), deleites (7), vanagloria y orgullo (7). La consecuencia de este estilo de vida es el asesinato y la reducción de las personas a meras mercancías (13b). Vemos entonces que Dios juzga a Roma por su imperialismo opresivo.

El pueblo de Dios es exhortado a salir de en medio de la ciudad pecadora, y el lenguaje nos recuerda la exhortación de los profetas Jeremías e Isaías a Israel a abandonar la verdadera Babilonia en el siglo sexto a. C. (véase Is 48.20; Jer 50.8; 51.6, 45). También nos recuerda la salida de Egipto, sobre todo porque se mencionan las plagas de Roma (4b) y también el castigo de Sodoma y Gomorra en Génesis 18-19. El pueblo de Dios es llamado a no participar de los pecados de la ciudad imperial, los cuales, nos dice el texto, han llegado hasta el cielo. Recordemos que en 6.10 las almas de los santos debajo del altar clamaban a Dios por justicia. También que en 8.3-4 se dice que las oraciones de los santos subían a Dios con el incienso del altar. Dios ha escuchado el clamor de las víctimas de las prácticas inhumanas del imperio y les ha hecho justicia.

La descripción de Roma como una mujer lujosamente ataviada viene del capítulo anterior, donde encontramos la imagen de Roma como una ramera vestida de púrpura y escarlata, con piedras preciosas y perlas y con un cáliz de oro en sus manos. Aquí, en 18.16, se la describe de la misma manera. La audiencia entonces sabe que se está hablando del mismo personaje. Aunque la percepción que Roma tenga de sí misma sea la de una reina (v.7), sin embargo Dios la ve como una ramera que ha invitado a las naciones a probar del vino de sus opresiones, y como una viuda que no tiene quien la proteja. En realidad, dice Juan, Roma será destruida en una sola hora (10, 17, 19). Se contrasta aquí la confianza del imperio en su poderío económico y militar con lo rápido de su desolación. La audiencia de Juan entiende entonces que no existe imperio tan poderoso que pueda resistir el juicio y la ira de Dios, pues toda la riqueza de Roma —de la cual se han beneficiado las naciones aliadas, los mercaderes y los que utilizan el Mar Mediterráneo como vía comercial— ha sido amasada con el sudor de los esclavos y la sangre de sus oponentes (13, 24).

La ciudad estado, la *polis*, fue el gran logro de la civilización grecorromana. Era la base de esa civilización, sinónimo de razón, progreso y orden. Todo lo que quedaba fuera de los límites de la ciudad era barbárico, el lugar donde vivían las fieras y los demonios, el páramo deshabitado, un ámbito hostil y peligroso para la vida humana. Roma, la *polis* por excelencia, estableció en el mundo antiguo la famosa *pax romana*, una realidad global que se basaba en el poderío militar del imperio, que hacía posible el tráfico de mercancías de todo tipo hacia la ciudad imperial y la exportación del sistema de vida grecorromano al resto del mundo. El juicio de Dios sobre Roma iba a revertir el estatus de esa gran ciudad, transformándola en «habitación de demonios, y guarida de todo espíritu inmundo, y en albergue de toda ave inmunda y aborrecida» —en suma, un lugar donde la vida humana no podría prosperar. De ahí que ya no se pudiera hallar en ella el sonido de la música y la voz de la intimidad familiar (22-23). Pero lo que sí se halla es la sangre de sus víctimas. ¡Qué gran paradoja! Roma pretende hacerse pasar por una ciudad pacificadora, pero Dios la declara ciudad asesina.

El texto para hoy

Lo primero que queremos decir es que, en contra de lo que muchas personas han pensado, estos pasajes del Apocalipsis no tienen nombre y apellido, por lo menos no para una audiencia contemporánea. Que la gran ramera representara a Roma no significa que hoy también lo haga. Sin embargo, hay quienes afirman precisamente eso, que la gran ramera es Roma, el Vaticano y la Iglesia Católica. Esto es un tremendo error que ha acrecentado la división que ya existe entre católicos y protestantes. La Roma que está siendo enjuiciada por Dios en este libro es la Roma imperial del primer siglo, no la ciudad moderna de ese mismo nombre ni la institución de la iglesia romana. Así como Babilonia era para el autor el símbolo de una ciudad decadente, Roma fue para los cristianos el símbolo de un poder corrupto, opresor e idólatra. Y lo era porque reclamaba para sí el estatus de Dios, justificando sus riquezas y estilo de vida por medio de una teología de la elección y del progreso: los dioses habían elegido a Roma para ser lo que era. Su progreso era una bendición divina.

El erudito argentino Néstor Míguez sugiere que Babilonia representa cualquier sistema económico que hace del mercado un dios con poder de decidir quién vive y quién muere. Babilonia representa todo aquello que convierte el cuerpo y el alma del ser humano en una mercancía para ser vendida. Lo más importante son las necesidades de las personas que pueden pagar por ellas. Las necesidades de los pobres no cuentan. Como cristianos debemos tratar de ver el mundo desde la perspectiva de Dios. ¿Y cuál es esta perspectiva? El Apocalipsis lo dice claramente: es la perspectiva del Cordero que fue inmolado. El representa la intención, el modelo de Dios para la humanidad. No es un modelo de excesivo poder, sino más bien de excesiva debilidad manifestada en la forma en que fue asesinado. El modelo de Dios para la humanidad es que solo el amor que se sacrifica por los demás puede dar sentido a nuestras vidas.

Y este amor es el principio fundamental del universo. Cuando este amor desaparece, la sociedad se torna en una pesadilla de corrupción y sangre, como lo era la sociedad grecorromana del tiempo de Juan, y como lo es, en muchos casos, nuestra propia realidad. El mensaje del Apocalipsis es que a su debido tiempo, y a través de medios que sólo podemos llegar a imaginar oscuramente y a representar simbólicamente, Dios juzgará al mundo por esta falta de amor y compasión. Vivir como cristianos en un mundo así, significa encarnar en nuestras vidas el amor del Cordero que fue inmolado e impartir a nuestras instituciones una visión que pueda ir creando un mundo de justicia y de paz.

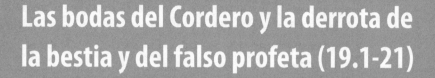

Las bodas del Cordero y la derrota de la bestia y del falso profeta (19.1-21)

Capítulo 13

Este capítulo se divide en tres partes. La primera, vv. 1-8, contiene una descripción de otra liturgia celestial alrededor del trono de Dios en celebración del juicio de Babilonia y de las bodas del Cordero. La segunda, vv. 9-10, contiene una bienaventuranza y una exhortación. La tercera, vv. 11-21, describe la batalla final entre Cristo y los ejércitos celestiales de una parte, y la bestia y sus ejércitos de la otra.

Celebración celestial por el juicio de Babilonia y por las bodas del Cordero (19.1-8).

Esta sección tiene una estructura del tipo aba'. En a (1-3), una gran multitud, similar a la de 7.9, adora a Dios con la palabra hebrea *aleluya* (1, 3), que significa «alabado sea el Señor». Esta es la única vez que aparece esta palabra en el Nuevo Testamento (véase Sal 106, 111-113, etc.). La razón de la alabanza celestial es que Dios ha juzgado a Babilonia y ha vengado la sangre de los mártires, finalmente respondiendo a la petición de estos en 6.10. Debido a que esta multitud utiliza la palabra «salvación», al igual que la multitud de 7.9-10, es probable que represente al pueblo de Dios triunfante, viviendo eternamente en la presencia divina (7.13-17). Como habíamos dicho, esta palabra tiene claras connotaciones políticas. Se la utilizaba en el contexto del culto al emperador, quien era considerado salvador de la humanidad. Con el juicio de Babilonia, que representa a Roma, la ciudad imperial donde residía el César, es evidente que hay ahora un solo salvador, el cual merece la gloria y la honra y el poder: es el Señor nuestro Dios. La alternativa de adorar al emperador, ahora que los santos han presenciado de manera visionaria la eventual caída del imperio, ya no debería de existir. Solo Dios merece la honra y la alabanza. Este es el mensaje de este pasaje y de todo el libro.

En el punto b (4-5), la adoración celestial continúa, esta vez por medio de los veinticuatro ancianos y los cuatro seres vivientes quienes, siguiendo su función litúrgica demostrada ya en otras partes del Apocalipsis, se postran en tierra y adoran a Dios, quien está sentado en el trono. De allí mismo sale una voz, posiblemente de un ángel, no de Dios ni del Cordero puesto que su llamado a la adoración emplea las palabras «nuestro Dios». El llamado a la adoración está motivado por lo que se ha afirmado en el v. 2: Dios ha hecho justicia y ha vindicado el sufrimiento de su pueblo.

En el punto a'(6-8), escuchamos nuevamente a la multitud entonando alabanzas a Dios por su poder y porque finalmente su reinado es visible. Y como una confirmación de este reinado, se anuncian las bodas del Cordero y de su esposa. En el Antiguo Testamento Israel era considerada la esposa de Yahvé (Os 2.19; Is 54.5-7). En el Nuevo Testamento es siempre la iglesia (Ef 5.32). Pero aquí, en Apocalipsis, la esposa del Cordero es la nueva Jerusalén (21.9-10). Las vestiduras de la esposa, lino fino, limpio y resplandeciente, contrastan con las de la ramera del capítulo 17 que estaba vestida de lino fino también, pero de color púrpura y escarlata, y adornada con oro y piedras preciosas (18.16). Mientras que el color escarlata nos habla de la sangre derramada en la ciudad imperial (18.24), el lino fino luminoso y resplandeciente se refiere a «las acciones justas de los santos». Mientras Babilonia / Roma es la ciudad asesina, la nueva Jerusalén es la ciudad de justicia. Notamos como dato interesante que el texto dice que «se le ha concedido» a la esposa del Cordero que se vista de lino fino. El verbo en pasivo indica que es Dios quien le ha dado este privilegio. Vivir practicando la justicia, como es el caso de los habitantes de la ciudad de Dios, no depende totalmente de la persona, sino que es algo que se le da como regalo, como privilegio (Ef 2.10). Seguramente Dios ofreció a los habitantes de la ciudad imperial la misma posibilidad (Rm 1.18-23). Pero los seguidores de la bestia, al adorar a la criatura en lugar del Creador, optaron por la opresión y el asesinato en lugar de la justicia. Ahora las consecuencias eternas de este tipo de elección están a punto de darse a conocer. El veredicto ya ha sido dado: Babilonia es culpable y será destruida. El pueblo de Dios, la nueva Jerusalén, está a punto de consumar su relación eterna con el Cordero.

Bienaventuranza y exhortación (19.9-10)

La participación en las bodas del Cordero es por invitación. No puede participar quien no haya sido invitado. Los evangelios hablan de esto en pasajes como Mateo 22.1-14; 25.1-13 y Lucas 14.15-24. Vemos nuevamente que la participación en la nueva sociedad representada por la nueva Jerusalén es un privilegio, no algo que la persona puede ganar por sus propios méritos. Felices son las personas invitadas a participar, las que han sido vestidas con el lino puro de la justicia. El simbolismo del Apocalipsis se complica nuevamente cuando nos damos cuenta que aquí el pueblo de Dios es invitado a participar de las bodas del Cordero, pero en los vv. 7-8 el pueblo es la esposa del Cordero.

La exhortación del ángel a Juan es bien pertinente. No se puede adorar a quien no sea Dios. Es tan erróneo adorar a una criatura celestial, como este ángel, como adorar a la bestia y su imagen. El mensajero celestial se autoidentifica como consiervo de Juan y de los creyentes. Todos, aun el ángel, están al servicio del testimonio de Jesús, del mensaje del evangelio. Este mensaje es profético, es decir, comunica la voluntad de Dios para el mundo en que viven las comunidades cristianas. Y esta voluntad se resume magníficamente con tres palabras griegas: *to zeo proskuneson*, ¡Adora a Dios! Este es el mensaje de Apocalipsis.

La batalla final 19.11-21)

Pero antes de que se puedan celebrar las bodas del Cordero los enemigos de este, de la esposa y de Dios deben ser eliminados. Las imágenes son propias de la literatura apocalíptica, que describe la victoria final de Dios con la metáfora de una batalla en la cual Dios vence a sus adversarios. Esta sección se divide en dos partes: una descripción del jinete del caballo blanco (11- 16) y una descripción de la batalla final (17-21).

El jinete del caballo blanco (11-16)

Al igual que en 4.1, el vidente ve abrirse el cielo, pero aquí en lugar de contemplar una visión del trono celestial ve un caballo blanco con su jinete. Recordaremos que en el capítulo seis habíamos visto otro caballo blanco. En esa oportunidad dijimos que su jinete representaba simbólicamente a la guerra. Aquí el jinete se describe con mayor precisión. Se le dan tres nombres: «Fiel y Verdadero», «Rey de reyes y Señor de señores» y «La Palabra de Dios». Tiene también escrito un cuarto nombre, pero este nadie lo conoce sino solo el jinete mismo. Los dos primeros nombres ya han aparecido en el libro, en 1.14 y en 17.14. El nombre «Palabra de Dios» aparece también en otro escrito perteneciente a la tradición juanina: Juan 1.1, 14. Este personaje tiene además ojos como llama de fuego (1.14; 2.18), muchas diademas sobre su cabeza y una espada aguda que sale de su boca (1.16; 2.12). Con todos estos datos entendemos quién es el jinete: es el Cristo resucitado, el que se le apareció a Juan al comienzo del libro, el Cordero inmolado que estaba junto al trono de Dios recibiendo la adoración de las huestes celestiales.

Pero este jinete es un guerrero. Su ropa está teñida de sangre, y no sabemos si es la suya propia o la de sus enemigos. Hay quienes piensan que es la suya propia, pues este no es otro más que el Cordero inmolado, y la sangre es la de su propio sacrificio. Pero hay otros que piensan que es la sangre de sus enemigos. El trasfondo de esta imagen sería el guerrero Yahvé en la profecía de Isaías 63.1-6. Esto pareciera confirmarse por el v. 11 que dice que este jinete juzga y pelea, y por el v. 15, que dice que usa la espada de su boca para herir a las naciones. Y también que pisa el lagar del vino de la ira de Dios, un concepto hallado en Isaías 63.3.

Pero mientras que el guerrero Yahvé actúa solo (Is 63.3), Cristo es seguido por los ejércitos celestiales vestidos con ropas blancas, igual que los ancianos y los fieles en 4.4; 6.11 y 7.9, 14. Sugerimos entonces que el autor está utilizando la tradición de Isaías 63, pero la está reinterpretando. Describe la parusía de Jesucristo con lenguaje que se asemeja a la venida de Dios en el Antiguo Testamento. Cristo viene a juzgar y a pelear, pero lo hace con la espada de la Palabra de Dios, con el mensaje del evangelio. La sangre en sus vestiduras es la suya propia, y los vestidos blancos de su ejército sugieren que estos son los mártires, los que ahora van a compartir el reino del Mesías (2.27; 3.5). Sus ropas son blancas porque las han lavado en la sangre del Cordero. La Palabra de Dios juzga al mundo, y el Cordero inmolado es el que vence el poder del imperio y de la muerte. La ironía es extraordinaria. El lenguaje que se utiliza es bélico, como es natural en el género apocalíptico; pero el mensaje que se comunica es no violento. Es la palabra de Dios, la palabra profética, el mensaje del evangelio, lo que transforma a los seres humanos, no la fuerza militar de ningún imperio (Heb 4.12). Como en varias otras partes del Apocalipsis, aquí se espera ver algo, pero se ve otra cosa.

La batalla final (19.17-21)

Un ángel parado en medio del Sol extiende una invitación para venir a la gran cena de Dios. Se pensaría que se está refiriendo a las bodas del Cordero mencionadas anteriormente. Pero no. La invitación no es a seres humanos, sino a aves de rapiña. Y el banquete que se les ofrece es la carne de los cadáveres que quedarán esparcidos en el campo de batalla. Esta batalla está a punto de ser librada entre Cristo y su ejército de fieles por una parte, y la bestia y los reyes de la Tierra por otra. Pero no hay batalla. El texto simplemente dice que la bestia y el falso profeta son apresados y arrojados vivos dentro del lago de fuego que arde con azufre. Sus seguidores son muertos con la espada de la Palabra de Dios y las aves se sacian de sus carnes. ¿Qué está sucediendo en esta batalla sin sangre? ¿Qué quiere decir el autor? El trasfondo para este pasaje viene de Ezequiel 39.17-20, en donde se describe la derrota de los ejércitos de Gog. Nuevamente vemos cómo el autor utiliza tradiciones del Antiguo Testamento que llamaríamos apocalípticas y las reinterpreta cristológicamente. El lenguaje es todavía violento, hasta se podría decir horripilante, pero el mensaje no lo es. Cristo vence a la bestia y a sus secuaces sin derramar una gota de sangre, excepto la suya propia. Los vence con la espada que sale de su boca. Para las comunidades del Asia Menor esta era una clara indicación de que el mensaje proclamado por Jesús, quien es el *logos* (palabra) de Dios, juzgaría a los poderes del mal y los vencería. Esto les estimula a continuar resistiendo los dictados del imperio y a mantenerse fieles a Dios. Contemplan, como en el cine, la derrota final de Roma y su culto imperial, y reciben fuerzas para seguir viviendo como discípulos del Cordero en el mundo de la bestia.

El texto para hoy

El mensaje del Apocalipsis puede sintetizarse en la expresión: «Adora a Dios». Nada ni nadie puede o debe usurpar el lugar que le pertenece a Dios. Dios es la realidad última del universo y de la vida humana. Dios llena nuestra exterioridad y nuestra interioridad. No hay lugar donde Dios no esté. Adorar a Dios significa simplemente reconocer esta realidad y vivir de acuerdo a ella. Como cristianos, tenemos además el ejemplo de Jesús, quien nos mostró cómo actúa Dios, cuáles son las cosas que Dios requiere del ser humano y cuál es el propósito último de la vida: servir a nuestro prójimo, respetar la vida, trabajar por la liberación del oprimido, optar por el pobre, resistir la tentación de las riquezas injustas.

Dios va a juzgar al mundo por medio de su Palabra, el mensaje del evangelio proclamado por Jesús. El lenguaje apocalíptico describe con rasgos bélicos y violentos una realidad espiritual, pero no debemos detenernos en los detalles, sino más bien entender el mensaje en su totalidad. Este es relativamente sencillo de entender y muy difícil de poner en práctica. Hay cosas que ocupan el lugar de Dios y demandan nuestra obediencia y aun adoración. Para algunas personas esto es su trabajo, su profesión, su posición social, su reputación. Para otras son las cosas adquiridas con su trabajo, cosas que aparentemente son valiosas. Para otras personas lo que ocupa el lugar de Dios es la devoción a un país, a un estilo de vida, a una determinada constitución o agenda política. Cada persona sabe qué es lo que está usurpando el lugar de Dios, cuáles son los ídolos que demandan nuestra devoción y cuáles los sistemas bestiales que demandan nuestra total adhesión.

El fin de Satanás y el juicio final (20.1-15)

Capítulo 14

Con la derrota de los ejércitos de la bestia, la narración pareciera llegar a su fin. Sin embargo todavía hay más. La bestia estará derrotada pero el poder detrás de ella, el Diablo, todavía anda suelto. Le ha llegado ahora el turno a la serpiente. El capítulo podría dividirse en cuatro partes:

A. Satanás es apresado (20.1-3)
B. El reino milenario (20.4-6)
C. Satanás es liberado para ser destruido (20.7-10)
D. El juicio final (20.11-15)

Los puntos A y D se relacionan a través del tema de la captura, libertad y destrucción de Satanás. Y B y C se relacionan a través del tema del juicio y de los tronos.

Satanás es apresado (20.1-3)

El vidente mira un ángel descender del cielo con la llave del abismo y una gran cadena. Este ángel tiene una misión: prender al dragón, encadenarlo, arrojarlo al abismo y encerrarlo allí por mil años, no sin antes sellarlo de manera que no engañe a las naciones durante todo ese tiempo. Esta es la segunda vez que Satanás es arrojado. La primera sucede en 12.9, cuando el ángel Miguel lo arroja a la Tierra. Pero será desatado al fin de los mil años por un poco de tiempo, luego de lo cual será finalmente arrojado al lago de fuego. La destrucción del Diablo es paulatina pero total.

El abismo es el lugar desde donde habían salido las langostas durante el toque de la quinta trompeta. Es el lugar de los demonios y de la muerte. Allí es enviado Satanás, a su lugar, desde donde no puede engañar a las naciones. Y no podrá salir hasta que Dios se lo permita. Este drama escatológico encuentra eco en la tradición de los evangelios, donde Jesús habla de atar al hombre fuerte, lo cual en ese contexto se refiere a Satanás o Beelzebú, para así poder arrebatarle sus bienes (Mr 3.20-30). Jesús vino para atar al hombre fuerte y quitarle su poder. Sus exorcismos reflejaban justamente que la casa de Satanás estaba siendo saqueada. El evangelio de Lucas dice que luego de la tentación, el Diablo le deja hasta un tiempo oportuno (Lc 4.13). En ese evangelio el ministerio de Jesús se desarrolla sin la interferencia de Satanás, al cual Jesús dice ver caer del cielo como un rayo (Lc.10.18). Pero luego, al final del ministerio, Satanás regresa y se introduce en Judas, quien traiciona a Jesús, precipitando así su crucifixión y muerte (Lc 22.3). Pero es solo por un corto tiempo, ya que con la resurrección, Jesús vence el poder de la muerte y del mal para siempre, poniendo en marcha la resurrección final de los muertos y la derrota definitiva de Satanás. Ambas realidades están dramatizadas aquí en este capítulo de Apocalipsis.

El milenio del reinado de los fieles (20.4-6)

Lo próximo que Juan ve son tronos, y sobre ellos, a «los que recibieron facultad de juzgar». Esta no es la primera vez que Juan ve tronos en el cielo. En 4. 2, 4 y 11.16 ve el trono donde se sienta Dios y los tronos donde se sientan los veinticuatro ancianos. Aquí también ve tronos y luego un gran trono blanco. Es obvio quién ocupa este último trono: Dios. Pero, ¿quiénes ocupan los otros tronos? En 3.21 se les promete que los que venzan se sentarán con el Cristo resucitado en su trono. ¿Serán entonces los mártires descritos en el v. 4 los que aquí han recibido autoridad para juzgar? Sugerimos otra posibilidad. En 11.18 los veinticuatro ancianos adoran a Dios diciendo que ha llegado el tiempo de juzgar a los muertos, de premiar a los santos y destruir a los que destruyen la Tierra. Aquí, en este capítulo, el juicio consiste exactamente en eso: los santos reinan con Cristo y los malvados son destruidos en el lago de fuego. Pensamos que los que se sientan en estos tronos son los ancianos que representan a Israel y a la Iglesia. El pueblo de Dios, a través de sus representantes, juzga al mundo. Esto condice con lo que dijera Jesús en Mateo 19.28 y Pablo en 1 Corintios 6.2-3.

En el v.4 se describen también los que vuelven a la vida, o sea resucitan, y reinan con Cristo mil años. Son los mártires de la Tierra, los que no adoraron a la bestia ni recibieron su marca y que fueron decapitados por ello. Aunque hay quienes piensan que se trata de dos grupos diferentes, pensamos que es solo uno: las personas que al no participar del culto al emperador pagaron con sus vidas su fidelidad a Dios. Son las mismas que aparecen en 6.9-11 —solo que aquí el número de los mártires se ha completado y estos están delante de la presencia de Dios habiendo experimentado la primera resurrección (v.6).

En este capítulo aparece por primera vez la idea del milenio. ¿De dónde viene este concepto? En el Antiguo Testamento se habla de un eterno reino mesiánico de paz y justicia en la Tierra (Is 11.1-16; 65.20-25; Miq 4.1-3). Será un tiempo en el que la gente vivirá largas vidas y la creación estará en paz consigo misma. Jerusalén se convertirá en el centro de la Tierra, a donde gente de todas las naciones vendrá para adorar a Yahvé. Pero Juan, que ha utilizado y utilizará pasajes del Antiguo Testamento para transmitir sus ideas, no hace uso de ninguno de estos pasajes aquí. Realmente la idea de un reino de limitada duración aparece en la literatura apocalíptica no canónica, cuando se dejó de pensar que la Tierra podría ser lugar apropiado para un reino eterno. Así, el reino del Mesías se comenzó a describir como un preludio terrenal a un reino eterno celestial. Este parece ser el trasfondo del milenio en Apocalipsis 20. Juan piensa que los santos que murieron por no haber rendido culto a la bestia van a recibir como premio el reinar mil años con Cristo —o sea, todo el tiempo durante el cual Satanás está encadenado. Será este un tiempo de total paz y regocijo, ya que el Diablo no puede dañarles y la bestia y sus secuaces han sido destruidos. Pero es un tiempo limitado. No estamos hablando de eternidad aquí, sino de mil años, un largo tiempo durante el cual los santos ofician delante del trono como sacerdotes. Son declarados bienaventurados pues finalmente Dios ha respondido a su clamor (6.9-11). La eternidad, precedida por el juicio final, todavía está por llegar. Pero primero el Diablo debe ser soltado de su prisión.

Satanás es liberado para ser destruido (20.7-10)

Si la escena de los tronos y del reinado milenario toma lugar en el cielo (así por lo menos parece sugerirlo el contexto), la liberación de Satanás de su prisión en el abismo sucede en la Tierra. Su intención es reunir a las naciones enemigas de Dios y de su pueblo, representadas por Gog y Magog (Ez 38–39). Estos nombres son simbólicos y no se refieren a ninguna nación en particular en el primer siglo, ni durante la historia del mundo hasta nuestros días, ni siquiera en el futuro. Notamos que su número es como la arena del mar y que están esparcidas por los cuatro ángulos de la Tierra. Por eso Gog y Magog representan a todas las naciones enemigas del pueblo de Dios.

Los ejércitos satánicos se mueven rápidamente y rodean el campamento de los santos y la ciudad amada (Sal 78.68; 87.2). Según Ezequiel 38.8, 11, 14, el pueblo de Israel vivía confiado en la Tierra, sin la protección de ciudades amuralladas. Cuando Gog decide aprovecharse de esta aparente debilidad, Yahvé viene al rescate de su pueblo y derrota a Gog de manera total y definitiva, enviando fuego del cielo. Aquí en 20.9 sucede lo mismo. Obviamente Juan está haciendo uso de la profecía de Ezequiel —sólo que ahora el Diablo es parte de la descripción del triunfo final de Dios. El Diablo es echado en el lago de fuego y azufre, el último lugar de castigo, donde lo aguardan la bestia y el falso profeta. Y allí quedarán siendo atormentados eternamente. El mal recibe su merecido castigo y desaparece para siempre. Ahora solo resta el juicio final, luego del cual vendrá la nueva creación. El mundo regresará a su pureza y propósito originales, antes de que el pecado hiciera su entrada a través de la serpiente.

El juicio final (20.11-15)

Al comienzo de la visión, Juan había visto un gran trono en el cielo con alguien sentado sobre el mismo que no puede ser otro que Dios (4.2-11). Aquí aparece nuevamente el trono. Esta vez es blanco, y nuevamente Dios es quien lo ocupa. Esto es evidente debido a que en el v. 12 los muertos están de pie delante de Dios. Todos los muertos, los grandes y los pequeños, es decir toda la raza humana, ha vuelto a la vida para recibir el juicio de parte de Dios. Si la resurrección de los santos de 20.4-6 es la primera resurrección, esta es la segunda. Se entiende entonces que los que reinaron con Cristo mil años están excluidos de este grupo y exentos del juicio de Dios.

Se mencionan libros que son abiertos y otro más, el libro de la vida. La literatura apocalíptica contiene esta idea de que las acciones de las personas están escritas en libros y que en el juicio cada una recibirá lo que merece de acuerdo a lo que haya hecho en vida (Dn 7.10). Pablo, que era apocalíptico, entiende el juicio final de manera semejante (1 Co 3.10-15; 2 Co 5.10). Detrás de todo esto, está la idea de un Dios justo que premia el bien obrar y castiga la maldad. Pero, ¿por qué hay dos libros? Se ha sugerido que el primero es el libro de las obras y el segundo el de la gracia de Dios. La decisión final, de quién se salva y quién no, no depende solamente de las obras de la persona, sino especialmente de la gracia de Dios. En el libro de la vida se anotan las personas que son declaradas inocentes y esto sólo Dios puede hacerlo, no las obras de la persona. Dios examina los libros y luego su gracia determina quién va a ser escrito en el libro de la vida y vivir eternamente.

El libro de la vida aparece seis veces en Apocalipsis: 3.5; 13.8; 17.8; 20.12, 15; 21.27. En 3.5 los creyentes de Sardis que no se han contaminado con la cultura grecorromana, especialmente con el culto al emperador, sino que se han mantenido fieles, tienen su nombre escrito en el libro de la vida y serán reconocidos delante de Dios por Jesús, en el día del juicio. En 13.8 este libro toma un nombre más específico: se llama «el libro de la vida del Cordero que fue inmolado». Según el pasaje anterior, 3.5, el Cristo resucitado tiene la autoridad de asegurar quién se incluye en este libro y quién no, qué nombre se queda y qué nombre es borrado. Por eso los nombres de las personas que no adoraron a la bestia están escritos en este libro desde el principio del mundo. En 17.8 se dice que solamente la gente que no está inscrita en este libro se asombra ante el poder de la bestia. Nuevamente se dice que los nombres de las personas figuran en el libro desde el principio del mundo. Finalmente, en 21.27 solo las personas inscritas en este libro pueden entrar en la nueva Jerusalén.

El libro de la vida, entonces, es aquel en donde están escritos los nombres de las personas que se han mantenido fieles a Jesús y a Dios. Sus obras no las capacitan para ser parte del mismo, sino su fidelidad, exclusivamente. Estas personas son quienes se han arrepentido de sus malas obras y han recibido el perdón de Dios. La única diferencia entre ellas y las demás, las que son condenadas, es que estas últimas persistieron en seguir el camino del mal aun cuando se les ofreció la oportunidad de arrepentirse. Debe mantenerse el equilibrio entre la responsabilidad humana y la gracia de Dios, y es precisamente a esto que Juan apunta al mencionar estos dos tipos de libros.

El juicio termina con el veredicto de inocentes y culpables. Las personas cuyos nombres no aparecieron en el libro de la vida son lanzadas al lago de fuego donde las aguardan el Diablo, la bestia y el falso profeta. Esta es, de acuerdo a Juan, la muerte segunda de la cual no hay posibilidad de resurrección. Allí también son arrojados la muerte y el Hades, los últimos enemigos (1 Co 15.26). Con los enemigos de Dios destruidos, el escenario está listo para que irrumpa desde el cielo la ciudad de Dios, la nueva Jerusalén.

El texto para hoy

Uno de los asuntos que ha dado más que hablar a los eruditos bíblicos, y entretenido las mentes de los creyentes desde hace dos mil años, es el del milenio. Varias teorías se han elaborado, pero las más importantes son tres: a) el *premilenialismo*, que dice que Cristo regresará a la Tierra antes del milenio a reinar con los santos que son resucitados en ese momento, mientras Satanás es echado en el abismo. Al fin de este periodo de mil años Satanás es liberado, se produce la derrota final del mal y el juicio final donde solo los impíos son juzgados; b) el *postmilenialismo*, que afirma una venida de Cristo después del milenio, el cual, será establecido por la iglesia en la historia humana. Será esta una época de oro en que triunfarán los valores cristianos y al cabo de la cual, se producirá la resurrección de los muertos, vendrá el juicio y se establecerá el nuevo orden divino; c) el *amilenialismo*, el cual se inclina por la ausencia total de un reino mesiánico sobre la Tierra, ya que éste comenzó espiritualmente con el ministerio de Jesús y continuó con su crucifixión y resurrección y el advenimiento de la iglesia. El triunfo de Cristo se verá solamente al fin, cuando se instaure el reino de Dios. Muchos creyentes de la iglesia primitiva, San Agustín entre otros, sostenían esta idea. Por eso cuando se aproximó el año mil de la era cristiana hubo una gran expectativa, pues se creía que el milenio, la era de la iglesia, estaba llegando a su fin y que el juicio y el fin de la historia estaban a punto de llegar.

Como se puede ver claramente en la descripción de arriba el milenio ha sido interpretado básicamente de dos maneras: literal o espiritualmente. Las iglesias de tradición más conservadora o fundamentalista se han inclinado por una interpretación literal, ya sea que se sostenga un premilenialismo o un postmilenialismo. Las iglesias protestantes históricas y la iglesia católica se han inclinado más por una interpretación espiritual, favoreciendo por lo general el amilenialismo. Las discusiones sobre este tema son ya legendarias y las divisiones que ha creado en el cuerpo de Cristo, lamentables.

La única manera de interpretar la idea del milenio es respetando el contexto religioso y político en el cual surge. Un reino del milenio, o una edad de oro en donde se revierten acontecimientos históricos percibidos como negativos por un grupo oprimido, es algo que aparece no solo en el judaísmo, sino también en las culturas que fueron sometidas al poder despótico de los grandes imperios como Grecia y Roma. Juan es el único autor cristiano que va a desarrollar la idea de una edad de oro. Y lo hace porque entiende que los creyentes que sufrieron y dieron sus vidas por permanecer fieles a Dios serían recompensados y experimentarían mil años de felicidad reinando con Cristo. Así es como Juan entiende la revelación de parte de Jesús. Pablo, otro apocalíptico, quien también admite el haber tenido revelaciones, nunca habla del milenio. Y Marcos, otro autor inspirado, tampoco dice nada sobre el mismo. ¿Qué estamos tratando de probar con esto? Pues, el que un autor inspirado afirme algo sobre los tiempos del fin no significa necesariamente que va a suceder exactamente como lo dice. De hecho, lo que dijo Juan, o Pablo, o Marcos, aun no ha sucedido. ¿Pero significa eso que no fue verdad? Por supuesto que no. El propósito del lenguaje sobre el futuro es producir una cierta conducta, una cierta ética, mover a la comunidad a una cierta acción. Eso se logra solamente expresando el mensaje en categorías que la audiencia entienda. Estas categorías serán distintas para cada audiencia. Las categorías apocalípticas eran entendibles para los cristianos del primer siglo, que estaban acostumbrados a oír testimonios de gente que decía haber tenido revelaciones de parte de Dios o de los dioses. Para audiencias contemporáneas estas categorías son totalmente foráneas, hasta fantásticas, y es necesario entonces reinterpretar el mensaje por medio de una relectura creativa como decíamos en la introducción.

Una manera de entender el milenio del que nos habla Juan es decir que se trata de un sueño histórico, es decir, un deseo para la historia, basado en la fe en Jesucristo y en Dios, en el contexto de las demandas opresivas del Imperio Romano sobre ciertas comunidades cristianas del Asia Menor. Dicho de otra manera, el milenio es la *utopía* de un grupo de gente que tiene que lidiar con un imperio opresivo e idólatra. Es la esperanza de la comunidad de que Dios va a actuar con justicia en la historia humana, destruyendo imperios y restaurando al pueblo fiel a una posición de honor. Estos creyentes, que han sufrido por su fe en Jesús, se imaginan a sí mismos como reinando con Cristo, y esto les da fuerzas para seguir resistiendo la influencia del imperio.

Hoy también tenemos que ejercer esta imaginación, inspirada por Dios, para repensar este reino milenial de forma tal que sea entendible para nosotros, quienes también nos vemos tentados a abandonar la adoración del verdadero Dios por los dioses que nos ofrecen los imperios de turno. El milenio no es tanto una doctrina que debemos aceptar y reproducir intacta, como una oportunidad para ejercitar la responsabilidad creativa que cada nueva generación de cristianos ha tenido, y tiene, de contextualizar el mensaje del evangelio.

La nueva Jerusalén (21.1-22.5)

Capítulo 15

Cielo nuevo y tierra nueva (1-8)

Enseguida, después de que los enemigos de Dios y su pueblo han sido arrojados al lago de fuego, Juan ve un cielo nuevo y una Tierra nueva porque, como recordaremos, el primer cielo y la primera Tierra habían desaparecido de la presencia de Dios justo antes de que se iniciara el juicio final (20.11). Ahora Dios ha creado un nuevo mundo para una humanidad redimida. La idea viene de Isaías 65.17 y 66.22, entre otros textos del Antiguo Testamento. También el apóstol Pablo había hecho referencia a esto en Romanos 8.19-23, donde dice que la creación aguarda ansiosa la manifestación de los hijos de Dios para ser liberada de su estado de corrupción. Aparentemente, existía la noción de que el pecado había afectado la rueda de la creación a tal punto que cuando se produjera la resurrección de los justos también la creación experimentaría una transformación semejante. Nótese que en esta nueva creación ya no hay mar. El mar fue siempre símbolo de oposición a Dios, el lugar de los monstruos primitivos enemigos del Creador, el símbolo del caos originario. Recordemos que la bestia había surgido del mar (13.1). Ahora que el Diablo y todos los otros adversarios han sido castigados, ya no existe más el caos. Tampoco existe más la muerte y por lo tanto ya no hay más llanto ni clamor ni dolor (21.4). No hay más noche, símbolo de oscuridad y, en la Biblia, de oposición a los planes de Dios (Jn 1.4-5) y de ignorancia (Jn 3.19). Por todas estas razones, el cielo y la Tierra, el cosmos, son nuevos. Pero el cielo y la Tierra originales no son destruidos. Dios no quiere destruir aquello que Dios hizo y vio que era bueno (Gn 1), pero sí es renovado, transformado en un nuevo cosmos donde vivirá una humanidad transformada.

Acto seguido, se anuncia la llegada de la nueva Jerusalén, la cual se describe como una esposa preparada para su esposo. No podemos dejar de notar el contraste con Babilonia/Roma, la ramera. Aquí Jerusalén es la esposa del Cordero. Todo lo que Roma no era, la nueva Jerusalén es: fiel, pura, justa. También se le describe como el tabernáculo de Dios, lo cual es una referencia al tabernáculo de Éxodo 40. El tabernáculo representaba la presencia de Dios en medio del pueblo. Es justamente esta idea la que se expresa en el v. 3. Dios ahora vive de nuevo en medio de su pueblo, y por eso ya no habrá más llanto, sufrimiento ni muerte. Esa era la realidad de la vida antigua bajo el poder de la bestia, la seducción de la ramera y la presencia de Satanás engañando a las naciones. Ahora eso ha pasado. Todos los enemigos de Dios y de su pueblo han sido destruidos. Hasta la misma muerte ha sido destruida, de manera que ya no hay motivo para el sufrimiento humano. «Yo hago nuevas todas las cosas», afirma Dios. Y agrega: «Yo soy el Alfa y el Omega, el principio y el fin». Alfa y omega son la primera y última letras del alfabeto griego. Dios, al fin de la historia humana, se manifiesta en la misma manera que se manifestó al principio: creando. Todo el plan de salvación de Dios está encerrado entre estas dos creaciones. Dios es creador y también redentor. O, dicho de otra manera, es creador porque es redentor. Pero también es juez. Por eso hay quienes no podrán disfrutar de esta nueva creación (v. 8). Solo las personas que se mantuvieron fieles, las que vencieron las tentaciones de Babilonia/Roma y no adoraron a la bestia, sino que estuvieron dispuestas a dar sus vidas por el testimonio de Jesucristo, podrán entrar en la nueva Jerusalén como vencedores y heredarán todas las cosas (2.11; caps. 2-3). Esta afirmación llena cada página del libro del Apocalipsis. Dios es un Dios de justicia. Por eso esta será la característica primordial de la nueva creación (2 P 3.13).

La nueva Jerusalén (21.9-22.5)

Igual que el profeta Ezequiel, Juan es transportado a un monte grande y alto (Ez 40.1-2) y allí, un ángel le muestra la nueva Jerusalén, que desciende del cielo de parte de Dios. Es importante notar dos cosas. Primero, que la nueva Jerusalén desciende a la tierra de parte de Dios (en la visión de Ezequiel la ciudad estaba sobre un monte). Cuando Juan escribe su profecía la Jerusalén terrenal yacía en ruinas. Nuevamente, la instauración de Jerusalén en el centro de la vida del pueblo es parte de la nueva creación. Esta es la Jerusalén celestial, el modelo del cual la Jerusalén terrenal era solo una copia. Segundo, que el reinado eterno de Dios con su pueblo es en la tierra, no en el cielo (22.5). La creación está ahora en paz con Dios. El ser humano y Dios pueden relacionarse nuevamente de la misma manera que lo hiciera en el paraíso terrenal de Génesis 2-3. Esto se ve claramente en 22.1-5.

Lo primero que se dice de la ciudad es que tiene la gloria de Dios. En Ezequiel 43.4-5 se dice que la gloria de Dios entra en el templo. Pero en la nueva Jerusalén no hay templo (21.22), así que la gloria de Dios llena la ciudad, la cual, por esa misma razón, no necesita ni del Sol ni de la Luna (21.23). Como nunca hay noche, las puertas de la ciudad están siempre abiertas para todas las personas de todas las naciones que vengan a rendir tributo a la ciudad y a Dios (Is 60.11; Zac 14.7). La ciudad sin templo es realmente una especie de templo para el resto de la humanidad, y sus habitantes son sacerdotes que tienen acceso libre e irrestricto a Dios y al Cordero, quienes viven en medio de la ciudad (1.5-6; 5.10; 20.6)

Vimos que la mujer del capítulo 12 representaba al pueblo de Dios de todos los tiempos, que recibe la protección y el sustento divinos. La nueva Jerusalén, como la esposa del cordero, es más que un edificio. Es la comunidad de los redimidos. En ella están representados las doce tribus de Israel (21.12) y los doce apóstoles del Cordero (21.14). Aun sus medidas, doce mil estadios, parecen referirse al número de los redimidos de cada una de las tribus (7.4-8). Jesús había prometido en 3.12 que al vencedor él le haría columna del templo de Dios. También el autor de Efesios se refiere a la iglesia como un edificio construido sobre el fundamento de los apóstoles y profetas (Ef 2.19-22). La nueva Jerusalén, la santa ciudad, representa entonces al santo pueblo de Dios que habita una nueva tierra. En medio de este pueblo, como templo, viven Dios y el Cordero, a quienes los santos tienen acceso inmediato y directo.

El ángel luego le muestra, en el centro mismo de la ciudad, un río de agua de vida que fluye del trono que ocupan Dios y el Cordero. El agua del río es resplandeciente como cristal, lo cual contrasta con la aguas venenosas de 8.10-11 y las ensangrentadas de16.4. Este río riega el árbol de la vida que crece a sus orillas y que produce doce frutos, uno distinto cada mes, y sus hojas sirven para sanar a las naciones (Ez 47.12). Se dice a continuación que, como consecuencia de esto, no habrá más maldición. Dios y el Cordero habitarán en la ciudad siendo servidos por sus siervos, los cuales verán permanentemente su rostro y llevarán el nombre de Dios grabado en sus frentes. Sin tener que preocuparse por trabajar la tierra o por las estaciones del año, ya que no hay noche, el pueblo de los redimidos reinará con Dios y el Cordero por los siglos de los siglos. Y así termina la visión propiamente dicha que comenzara en el capítulo 1.

No es muy difícil darse cuenta que la descripción de 22.1-5 constituye una suerte de Edén al revés. Todo lo que anduvo mal en el Edén, funciona a la perfección aquí: mientras que en el huerto del Edén Dios le prohíbe al ser humano comer del árbol de la vida para que no coma y viva para siempre, aquí el pueblo de Dios come del fruto del árbol de la vida y usa sus hojas como medicina para las naciones; mientras que en el Edén Dios maldice a la serpiente por haber tentado a la primera pareja humana, y a la tierra por causa del pecado de Adán, aquí se dice que ya no habrá más maldición; mientras que en el Edén el hombre y la mujer se ocultan de la presencia de Dios porque tienen vergüenza de su desnudez, aquí el pueblo de los redimidos ve siempre el rostro de Dios, o sea, estará siempre en comunión con Dios y el Cordero; mientras que Dios tiene que echar a la primera pareja del huerto, aquí los redimidos reinan con el Cordero eternamente; mientras que en el Edén la serpiente engaña a la primera pareja, en la nueva Jerusalén no hay ninguna cosa impura o que haga abominación o mentira, es decir, no hay lugar para la serpiente pues ésta ha sido destruida en el lago de fuego. Resumiendo, así como en el Génesis, luego de la creación, Dios coloca a la primera pareja en el huerto del Edén de donde son expulsados a causa del pecado, en Apocalipsis, luego de la segunda creación, Dios hace descender del cielo la nueva Jerusalén donde viven los redimidos eternamente, libres ya del poder del pecado y de su consecuencia, la muerte, la cual también ha sido destruida para siempre.

Pero es importante notar que se trata de una ciudad, y no de un huerto. El huerto del Edén apunta a una situación idílica donde el ser humano es puesto para que lo cultive y lo cuide. Dios es quien planta el huerto, no el ser humano (Gn 2.8). En cambio la nueva Jerusalén es una ciudad, símbolo de la actividad humana, símbolo de la historia. El mensaje es claro: la historia humana cuenta, es importante. La historia no termina con el advenimiento de la nueva Jerusalén, sino que continúa. Pero ahora es una historia que ha cambiado de rumbo porque ya no existen más el pecado y la muerte. Podríamos decir que Dios toma prestada la idea humana de la ciudad y la redime, quitándole los elementos negativos de sufrimiento y explotación. Pero, a la misma vez, Dios valora lo positivo de la ciudad, puesto que la hace su habitación eterna.

El texto para hoy

Entre el huerto del Edén del Génesis y la nueva Jerusalén del Apocalipsis, se extienden los libros de la Biblia que narran, desde la perspectiva de la tradición judeocristiana, la historia del plan de Dios para la humanidad. Este plan nos habla del amor de un Dios creador que, a pesar de la desobediencia de la criatura, va a ofrecerle nuevas oportunidades para que se arrepienta y vuelva a relacionarse con su Dios. Pero, aun así, el ser humano va a elegir el camino de la desobediencia y va a optar por el poder, creando sistemas que oprimen al prójimo y niegan al Dios que lo creó. En respuesta a las oraciones de los que sufren bajo imperios que usurpan el lugar de Dios, Dios decide cerrar el último capítulo de la historia humana y comenzar nuevamente su idea original con las personas que se mantuvieron fieles. Así, Dios interviene a través del Hijo que fuera crucificado por el poder desmedido y la soberbia del ser humano, y pone las cosas en su lugar: vindica al crucificado y lo constituye en Rey de reyes y Señor de señores; vindica también al pueblo sufriente y lo constituye en sacerdotes de Dios y del Cordero y les da un reino eterno; castiga a los enemigos de Dios y de su pueblo: al dragón (Satanás), a la bestia (el imperio), al falso profeta (el culto al emperador) y a la gran ramera (la ciudad imperial), al mismo tiempo que destruye también para siempre a la muerte. Acto seguido, Dios crea un nuevo cielo y una nueva tierra donde coloca a la humanidad redimida. Se ha sugerido que esta historia podría resumirse con la frase: paraíso perdido, paraíso recuperado.

El valor de esta descripción no está en su contenido literal. La mayoría son símbolos que aunque apuntan a realidades históricas, no son históricos en sí mismos. De ahí que se haga necesario reinterpretarlos. Por ejemplo, ¿cómo deberíamos reinterpretar el simbolismo de la nueva creación y la nueva Jerusalén? Una manera sería, volviendo a repetir lo que dijéramos antes, que una nueva creación donde no existe el sufrimiento, el caos y la muerte es una visión *utópica* del mundo, producida por gente oprimida, marginada y decepcionada con lo que le ha tocado vivir. Aunque en el uso común una «utopía» es una quimera, un sueño imposible, en el sentido que aquí le damos es una visión que apunta a una realidad que, desde el punto de vista humano, es imposible. A esta visión utópica la impulsa la fe en un Dios que libera. Por eso, aunque no llegue aquello que se anhela, la utopía tiene poder para cambiar la realidad presente. A pesar de que la muerte es parte de la vida y debemos aceptarla, y de que hay un sufrimiento que es inevitable por el mero hecho de ser humanos, hay muertes y sufrimiento que son inmorales y que van en contra del plan de Dios para la humanidad. La muerte de millones de niños por falta de alimentos o de atención médica es algo inmoral que no puede ser justificado. El sufrimiento acarreado por la violencia en la familia, las drogas, el abuso sexual, la violencia urbana, la explotación económica, etc., tampoco puede ser justificado. Imaginarnos una nueva creación y una nueva Jerusalén, como lo hicieron Juan y sus comunidades, es imaginarnos una situación donde la naturaleza y la cultura estén integradas y en armonía. Es seguir al Cordero por donde él va, resistiendo la seducción de la gran Babilonia de nuestro mundo, y comprometernos a construir, juntamente con Dios, una nueva sociedad, a la que Juan llama la nueva Jerusalén.

Epílogo: Cristo viene pronto (22.6-21)

Capítulo 16

E n el epílogo del libro, la escena se parece a la del prólogo: Juan se encuentra solo delante del ángel. Sin embargo, otras voces se harán oír durante este capítulo de manera que el diálogo se convertirá en una conversación y, hacia el final, en una liturgia. El pasaje podría dividirse en dos partes: anuncio de la venida de Jesús (6-16) y respuesta litúrgica al anuncio de la venida (17-21).

Anuncio de la venida de Jesús (22.6-16)

Esta sección está demarcada por dos afirmaciones similares. En el v. 6 se dice que Dios ha enviado a su ángel y en el v. 16, que Jesús ha enviado su ángel, lo cual coincide con lo que se dice en 1.1. No es la primera vez que en el Apocalipsis los roles de Dios y de Jesús se superponen. Por ejemplo, en 1.8 Dios es el Alfa y el Omega, y aquí, en 22.13, es Jesús.

Una forma de entender el diálogo que se desarrolla aquí es tratar de encontrar alguna estructura gramatical. Proponemos una estructura en forma de quiasmo del tipo abcaíbící, como sigue: a: Ángel (6), b: Jesús (7), c: Juan (8), a': Ángel (9-11), b': Jesús (12-16), c': Juan (16[18-19]).

El ángel comienza con una afirmación que ya hemos oído antes: «Estas palabras son fieles y verdaderas» (19.9-11; 21.5). Pero aquí, por encontrarse al final del libro, se refieren a todo el contenido del Apocalipsis. Esto lo confirma la próxima voz, que entendemos es la del Cristo resucitado, anunciando su pronta venida y dando

143

una bienaventuranza para las personas que guardan las palabras de la profecía del libro, ya que, de acuerdo al ángel, éstas son fieles y verdaderas. Estos temas ya habían aparecido en el prólogo (1.1-8) y vuelven a aparecer aquí en el epílogo. De manera que todo el libro del Apocalipsis está encerrado entre afirmaciones de la pronta venida de Cristo y de la necesidad de guardar, de obedecer, las palabras escritas en él. La audiencia del libro está claramente identificada en 1.3: el que lee y los que oyen. El Apocalipsis fue escrito para ser leído en voz alta durante el culto en las iglesias. Aquí, en el epílogo, van a aparecer algunas voces que parecieran revelar justamente ese contexto litúrgico.

Juan es el próximo en tomar la palabra. Confirma que él es el que ha oído y visto —en ese orden (véase 1.10-12)— estas cosas, es decir, todo lo que está escrito en el Apocalipsis. Juan ha sido fiel en preservar lo que oyó y vio y, ahora que su tarea ha sido cumplida, y consciente quizás de la naturaleza divina de las profecías (que son llamadas «palabras fieles y verdaderas» igual que Jesús quien es llamado «Fiel y Verdadero» en 19.11), quiere adorar al mensajero. El ángel toma la palabra por segunda vez (ver aí más arriba) y se lo prohíbe con la exhortación de que debe adorar a Dios (19.10).

El ángel le dice también que no debe sellar las palabras de la profecía del libro. Esto significa que no debe mantenerlas en secreto. En Daniel 8.26 y 12.4, 9, se exhorta a sellar las palabras de su profecía, pues el fin está aún lejos. Pero aquí el fin está cerca y el mensaje debe ser escuchado, el libro debe ser leído. Este no es tiempo para secretos sino para revelaciones. Y aunque el libro del Apocalipsis ha exhortado a la gente a arrepentirse y volverse a Dios, aquí se acepta la posibilidad de que la gente continúe viviendo de manera injusta e impura. Sin embargo el pueblo de Dios debe continuar practicando la justicia y dedicándose a Dios inclusive más que antes («santifíquese más todavía»), pues la seducción de los poderes del mal puede llegar a ser más fuerte ahora que se saben derrotados. El incentivo para una vida de santidad es que Cristo viene pronto a premiar la fidelidad de los santos. Y aquí tenemos nuevamente la voz de Jesús (ver bí arriba). Sabemos que se trata de Jesús porque se refiere a sí mismo como «el Alfa y el Omega, el principio y el fin, el primero y el último» (recordemos que estas palabras se habían utilizado en 1.8 y 21.6 para referirse a Dios), pero especialmente porque utiliza su nombre: «Yo, Jesús» (v. 16). El Cristo resucitado emite la última de las siete bienaventuranzas del libro (véase nuestra discusión de 1.3 arriba). Felicita y declara dichosas a las personas que han lavado sus ropas. Esta es una referencia a 7.13-17, donde se anticipa el reinado eterno de los santos en la nueva Jerusalén. Aquí se afirma nuevamente que solo quienes han sido fieles al Cordero inmolado y le han seguido aun a costa de sus propias vidas tienen derecho a entrar en la ciudad. No así los que han seguido a la bestia y al dragón, descritos con los términos más negativos de la retórica apocalíptica (v. 15).

Por ultimo, Jesús afirma que ha enviado a su ángel para darles a las iglesias testimonio de estas cosas. Para que no quede ninguna duda sobre quién está hablando, ahora Jesús se identifica como descendiente de David (5.5; Is 11.1, 10) y como la estrella resplandeciente de la mañana (2.27-28; Nm 24.17). Ambos textos parecieran confirmar la autoridad mesiánica de Jesús.

Pero nosotros sabemos, por el v.8 y por 1.1, que este mensaje ha sido comunicado a través de Juan, quien lo recibió del ángel. Así que aquí tenemos de nuevo a Juan (ver cí arriba), el cual enseguida va a entrar en el diálogo que se está desarrollando entre Jesús, el ángel y la congregación, advirtiendo a los que escuchen la lectura del libro, sobre el peligro de agregarle o quitarle palabras. En Deuteronomio 4.1-2 hay una advertencia parecida. Juan posiblemente tiene esto en mente, pero dirige su advertencia a las iglesias a las que escribe para que nadie piense que puede desobedecer el mensaje o que puede mal interpretarlo, o suavizarlo o ignorarlo. Este mensaje viene de Dios, y desoírlo puede llegar a costarle a la persona su destino eterno.

Respuesta litúrgica al anuncio de la venida (22.17-21)

Las palabras de advertencia de Juan se entienden mejor si el documento está siendo leído en voz alta. Y a juzgar por 1.3 y 22.17, 18 así pareciera ser. Dada esa posibilidad, lo que tenemos acá es la lectura del libro en un contexto litúrgico, posiblemente un domingo, el día del Señor (1.10), antes de la celebración de la Cena (Eucaristía). Al comienzo de nuestro trabajo habíamos puntualizado el carácter litúrgico de la parte introductoria del libro. Aquí esa liturgia está llegando a su fin, luego de la lectura de la profecía, con la invitación a beber del agua de la vida, que sería una invitación a la mesa del Señor. El Espíritu Santo y la Esposa (aquí quizás la iglesia) claman por la presencia de Jesús en el momento de celebrar la cena que anticipa la vida abundante de la que disfrutarán los que entren en la nueva Jerusalén. Jesús, presente también a través del Espíritu y la palabra profética inspirada, asegura su pronta venida de la cual la cena es un anticipo. Toda la liturgia finaliza con la fórmula «Ven, Señor Jesús». Encontramos la misma fórmula en la *Didache*, que es un documento temprano que ofrece directivas para el culto cristiano, y en 1 Corintios 16.22. Al final del libro, el saludo que invoca la gracia del Señor Jesucristo sirve como cierre del libro y como bendición que concluye el culto. Notamos que el libro había comenzado también con un saludo semejante (1.4). Pero también están presentes las otras dos personas de la Trinidad: el Espíritu, intercediendo y orando con los santos (v.17; Ro 8.26-27), Dios, mostrando su amor al revelar las palabras de la profecía y su justicia al demandar obediencia a las mismas (18-19) y Jesús, otorgando su gracia (21). Es justamente esta gracia la que va a animar a las iglesias receptoras de esta palabra profética —y a todas las personas que la leerían a través de la historia— a permanecer fieles a Dios y a resistir al mal individual y social.

El texto para hoy

La pronta venida de Jesucristo se anuncia cinco veces en el último capítulo del Apocalipsis. Juan y sus comunidades estaban convencidos de que el tiempo se acababa y que el día del Señor se aproximaba rápidamente. Su sufrimiento iba a terminar y reinarían con Dios y el Cordero eternamente. Es penosamente obvio que después de dos mil años la promesa no se ha cumplido: el Señor Jesucristo no ha retornado como fuera su promesa. ¿Cómo debemos interpretar esta tardanza? Como dijéramos en la introducción, hay muchas maneras de interpretar el Apocalipsis. De un mismo texto la gente se las ha ingeniado para elaborar las teorías más fantásticas que se podría pensar y que muchas veces se excluyen mutuamente. No es nuestra intención proponer otra teoría sobre los tiempos del fin, sino más bien una teoría de lectura no solo del Apocalipsis, sino también de los textos bíblicos en general (véase la introducción). Pensamos que el texto bíblico puede llegar a decir cosas diferentes dependiendo de quién lo lee y desde qué perspectiva. Por eso lo que proponemos a continuación es una lectura contextual, que debe ser constatada en un diálogo respetuoso con otras lecturas.

El elemento más importante en la esperanza del pronto retorno de Jesucristo no es qué va a suceder, cómo y cuándo, es decir su cronología, sino de qué manera esta creencia impacta la vida de las personas. Porque Jesús viene a establecer su reino, debemos vivir como si su reino ya estuviese en medio nuestro. De hecho, a través de la historia, y representado ya en algunos de los documentos del NT, existió la creencia de que el reino de Dios ya estaba en medio de su pueblo, al menos de una manera parcial (Lc 17.21). Sabemos que el Espíritu Santo vive en la iglesia y actúa en el mundo. Sabemos que el Cristo resucitado se hace presente y accesible a través de los sacramentos. Sabemos que Dios lo llena todo de manera que no hay esfera de la realidad humana y del cosmos en donde Dios no esté. La venida de Jesucristo solo hará explícito lo que hoy está implícito en la vida de nuestras comunidades y del mundo. Por eso, en lugar de discutir sobre fechas y batallas finales, deberíamos vivir con el imperativo ético de amar al prójimo y resistir al mal luchando por la justicia y por la paz. Pero estas grandes palabras del archivo bíblico de términos teológicos deben encarnarse en acciones concretas. Si Cristo viene pronto, ¿cómo deberíamos vivir? ¿Cómo deberíamos responder a los problemas concretos de nuestra sociedad? ¿Deberíamos aislarnos y esperar su venida mientras el mundo se desangra en guerras y el espíritu de la globalización convierte a las personas en mercancías (18.13)? ¿O deberíamos vivir como si su venida fuera mañana y la iglesia, como las vírgenes de Mateo 25.1-13, tiene que estar lista para participar de las bodas del Cordero? Creo que la respuesta es obvia. La venida de Jesús no es el fin sino el principio de nuestra praxis cristiana.

Conclusión

Muchos tenemos todavía en nuestras mentes imágenes muy vívidas de sermones en donde se anunciaba la pronta venida del Señor Jesucristo con descripciones del rapto de la iglesia, de los horrores de la batalla final, de la agonía de los incrédulos en el infierno mientras los creyentes se paseaban plácidamente por las calles de oro del cielo. Todavía nos acordamos de esos sentimientos de terror y a la misma vez de virtud, de compasión y de despecho hacia los que no eran creyentes. Todavía recuerdo las campañas de evangelización en mi pueblo natal, en donde el mensaje de la segunda venida se utilizaba para conseguir nuevos miembros, atraídos a la iglesia evangélica por puro pánico al infierno. Recuerdo también la sensación de surrealismo al salir de esas reuniones y enfrentarme con el mundo real, en donde la gente se divertía y la pasaba bien sin importarles lo que nosotros creíamos. Muchas de esas personas eran conocidos que nos apreciaban pero no llegaban a entender cómo, cuando se hablaba de religión, ellos dejaban de ser amigos para transformarse en pecadores que se hacían merecedores del juicio de Dios, descrito en el Apocalipsis. «Un día se darán cuenta de cuán equivocados estaban; pero ya será demasiado tarde», solíamos decir.

El tiempo fue pasando y lo que se anunciaba en el Apocalipsis nunca se cumplió. Nuestros amigos siguieron divirtiéndose y pasándola bien y muchos de nosotros comenzamos a pensar que alguien o algo nos había robado una parte irrecuperable de nuestra juventud; que nos habíamos pasado esos años preciosos profetizando catástrofes y castigos que

149

nunca llegaron y que quizás nunca llegarían, al menos de la manera en que están descritos en la Biblia. Al mismo tiempo, descubrimos que por estar ocupados en predicar la segunda venida no nos dimos cuenta de lo que realmente estaba sucediendo en el mundo. De tanto hablar del cielo nos olvidamos de la tierra. No vimos las guerras que se desataron en diversas partes del planeta; no vimos los golpes militares que se sucedieron en muchos de nuestros países de origen, quitándonos los derechos civiles y violando nuestros derechos humanos; no vimos las crisis económicas que nos sofocaron y endeudaron; no vimos la penetración cultural de los países del norte y la destrucción paulatina de nuestras culturas; no vimos el avance implacable de las multinacionales que incrementaron el nivel de dependencia con el llamado primer mundo; no vimos a los niños que en millares se vieron forzados a vivir en la calle creando toda una nueva categoría de seres humanos: los niños de la calle. No vimos nada de eso. Solo vimos una visión apocalíptica que nunca se cumplió.

En un sentido, Juan también vio una visión apocalíptica que nunca se cumplió. Pero la diferencia está en que mientras esa visión les capacito a él y a sus comunidades a resistir el poder opresor del Imperio Romano, a nosotros nos sometió aún más al poder opresor de la globalización y a la penetración cultural del norte. Aquellos creyentes escucharon el contenido de la visión y recibieron fuerzas para resistir el mal enraizado en la sociedad grecorromana. Nosotros escuchamos los sermones sobre la segunda venida y el Apocalipsis y nos declaramos en huelga social. Nos aislamos del mundo y nos dedicamos a esperar la parusía sin ver lo que estaba sucediendo a nuestro alrededor. ¿Qué fue lo que hicimos mal? Mi opinión es que tomamos una visión liberadora, que prometía un gran cambio social, un nuevo orden, y la espiritualizamos, la hicimos que se refiriera sola y exclusivamente al alma del individuo. Pensamos que la visión que Juan nos transmitió se refería a la salvación del alma, a irse a vivir con Dios al cielo, cuando realmente se refiere a una nueva sociedad, un nuevo mundo, una nueva familia humana viviendo en paz en la Tierra. En el Apocalipsis, el pueblo fiel no sube a vivir con Dios, sino que Dios viene a vivir con su pueblo sobre la Tierra. El Apocalipsis no nos habla del rapto de los creyentes, sino que nos habla de la venida de Dios a vivir en medio de una humanidad redimida. Es una vuelta al Edén, no un escape al cielo.

Conclusión

Todo esto hace que debamos repensar el mensaje del Apocalipsis de manera que sea una fuente de acción, de cambio personal y social, de esperanza, de alegría, de celebración, ya que aquello de lo que estamos invitados a participar es una fiesta, las bodas del Cordero, la unión de Cristo con una nueva humanidad expresada simbólicamente en la imagen de la nueva Jerusalén. Estamos siendo invitados por Dios a formar parte de esta nueva humanidad que desciende de Dios a habitar entre la gente como fuente de vida y de salud. La visión apocalíptica de Juan se resume al final en un pueblo redimido que se constituye en el medio divino para la bendición de las naciones. ¡Que Dios nos ayude para que comencemos a vivir ya en función de esta visión liberadora del Apocalipsis!

Recursos bibliográficos

Charpentier, Etienne y otros (Equipo Cahiers Evangile). «El Apocalipsis», *Cuadernos Bíblicos* 9 (Navarra, España: Editorial Verbo Divino, 1994).

Foulkes, Ricardo. *El Apocalipsis de San Juan: Una lectura desde América Latina* (Buenos Aires/Grand Rapids: Nueva Creación/Eerdmans Publishing Co.,1989).

González, Justo L. *Tres meses en la escuela de Patmos* (Nashville: Abingdon Press, 1997).

_____ y González, Catherine Gunsalus. *Revelation* (Louisville: Westminster John Knox Press, 1997).

Koester, Craig R. *Revelation and the End of All Things* (Grand Rapids, Michigan/Cambridge, UK: Eerdmans Publishing Co., 2001).

Míguez, Néstor. «La apocalíptica y la economía: Lectura de Ap.18 desde la experiencia de la exclusión económica», traducida al inglés por Fernando F. Segovia y publicada como «Apocalyptic and the Economy: A Reading of Revelation 18 from the Experience of Economic Exclusión» en *Reading from this Place*, editado por F.Segovia y Mary A. Tolbert (Minneapolis: Fortress, 1995), pp.250-262.

Richard, Pablo. *Apocalipsis: Reconstrucción de la esperanza* (San José, Costa Rica: Editorial DEI, 1994).

Schüssler Fiorenza, Elisabeth. *Revelation. Vision of a Just World. Proclamation Commentaries*, G. Krodel, Editor (Minneapolis: Fortress Press, 1991).

Stam, Juan. *Apocalipsis y profecía: Las señales de los tiempos y el tercer milenio* (Buenos Aires: Editorial Kairos, 2004).